İKİNCİ HAYATIN TEK BİR HAYATIN OLDUĞUNU ANLADIĞINDA BAŞLAR

Raphaëlle Giordano

İKİNCİ HAYATIN TEK BİR HAYATIN OLDUĞUNU
ANLADIĞINDA BAŞLAR

RAPHAËLLE GIORDANO

Özgün adı: Ta Deuxième Vie Commence Quand Tu Comprends
Que Tu N'en As Qu'une

ISBN: 978-605-82766-0-4

1. Baskı: Mayıs 2017
14. Baskı: Aralık 2021

Çeviri: Gülşah Ercenk
Editör: Deniz Sisbot İslamoğlu
Redaksiyon: Gökçe Uslu
Son Okuma: Tuğçe Özdil
Dizgi: Osman Balaban
Kapak Tasarım: Berat Pekmezci

Baskı: Ana Basın Yayın Gıda İnş. San. ve Tic. A.Ş.
Mahmutbey Mh. Devekaldırımı Cd. 2622 Sk.
Güven İş Merkezi No: 6/13 Bağcılar/İstanbul
Sertifika No: 52729

YAN PASAJ YAYINEVİ
Acıbadem Mh. Acıbadem Cd. 124/10 Kadıköy/İstanbul
Sertifika No: 49450
info@yanpasaj.com
www.yanpasaj.com

İKİNCİ HAYATIN TEK BİR HAYATIN OLDUĞUNU ANLADIĞINDA BAŞLAR

Raphaëlle Giordano

Çeviren
Gülşah Ercenk

YAN PASAJ

Yazar, ressam, yaratıcı koç olan **Raphaëlle Giordano**, Estienne Uygulamalı Sanatlar Yüksek Okulundan mezun oldu. Yaratıcılık daima onun yaşamının ana çizgisini oluşturdu. Kelimelere ve kavramlara olan tutkusunu, Paris'te uzun yıllar çalıştığı bir reklam ajansında geliştirdikten sonra kendi koçluk ve organizasyon ajansını kurdu.

Psikoloji, pek çok farklı branşta aldığı eğitimler ve sertifikalar sayesinde geliştirdiği ikinci uzmanlık alanıdır. *Les Secrets du Docteur Coolzen* (dört kitaptan oluşan bir kolleksiyon), *Mon Carnet de Coaching 100 % Bonheur, J'ai Décidé d'Etre Zen* isimli kitapları hem içerik hem de biçim açısından, kişisel gelişim konusunda son derece yaratıcı yaklaşımlar sunmaktadır. İlk romanı olan *İkinci Hayatın Tek Bir Hayatın Olduğunu Anladığında Başlar* yazarın hayatında önemli bir yer tutan bir başka konuyu, huzur ve mutluluğa giden yolu keşfetmek için yaşamı değiştirme sanatını ele almaktadır.

Raphaëlle Giordano'nun gündemini takip etmek için
(www.routinologue.com), ajansı hakkında bilgi sahibi olmak için
(www.emotone.com)

Gülşah Ercenk, 1991 yılında Hacettepe Üniversitesi Fransız Dili Edebiyatı Bölümünden mezun oldu. Cezayir Büyükelçiliğinde çevirmen, Paris Türk Büyükelçiliğinde büyükelçi sekreteri olarak çalıştı. Farklı yayınevlerine Fransızcadan Türkçeye kitaplar çevirdi. Halen Kanada'da yaşayan Ercenk, anaokulu öğretmenliğiyle birlikte çeviri yapmaya devam etmektedir.

Bu projeye inanıp gerçekleşmesi için desteklerini esirgemeyen Eyrolles Yayınevi editörlerinden Stéphanie Ricordel ve Élodie Dusseaux'ya sonsuz teşekkürlerimi iletiyorum.

Ayrıca kitabın yazım aşamasında her konuda yardımcı olup iyi niyetli, yapıcı görüşlerini benimle paylaşan anneme ve ikiz kardeşim Stéphanie'ye; bana kitabın adını fısıldayan yaratıcı sevgilim Régis'e; ve nihayet hem varlığı hem de hayatıma kattığı mutluluktan dolayı oğlum Vadim'e çok teşekkür ederim.

Hayalim, bir gün her insanın sahip olduğu yeteneklerinin farkına varıp kendi mutluluğunun sorumluluğunu eline alması. Çünkü hayatta hiçbir şey çocukluk düşlerini gerçekleştirmekten daha önemli olamaz...

Yolunuz açık olsun, Raphaëlle.

1

Gitgide büyüyen yağmur damlaları arabamın ön camını dövüyordu. Silecekler gıcırtıyla bir sağa bir sola gidip gelirken, direksiyona sımsıkı yapışmış hâlde gıcırtıyı ben de içimde hissediyordum. Yağmur aniden öyle şiddetlendi ki içgüdüsel bir dürtüyle ayağımı gazdan çektim. Hayatımda bir de araba kazası eksikti zaten! Her şey bana karşı işbirliği yapmaya mı karar vermişti bugün?

Cuma akşamının yoğun trafiğine saplanıp kalmamak için otoyoldan gitmek yerine kestirmeden gitmeye karar vermiştim. Tıklım tıklım olan ana arterlerde ve akordeon gibi bir trafikte işkence çekmekten daha kötü olamazdı ya! İçinde bulunduğum karmaşayı artırmak istercesine arabamın camlarına arsızca çöreklenen sis yüzünden, gözlerim çaresizce tabelaları okumaya çalışıyordu. Ve bütün bunlar yetmezmiş gibi, ormanlık alanın orta yerinde navigasyonum benimle birlikte yol almaktan vazgeçiverdi. Teknoloji aniden beni terk etti. Ben dümdüz gitmek isterken, o aynı yerde dönüp durmaya karar vermişti.

O anda bulunduğum yer, haritada bile görünmeyen, hiçliğin ortasında bir yerdi sanki. Ama işte... Patronumun beni oraya göndermesini kendince haklı gösterecek ölçüde ticari potansiyele sahip küçük iş merkezi, nasıl olmuş da bir araya gelmişler diye düşündüren "Nadiren Kâr Eden Şirketler Topluluğu" orada bulunuyordu. Daha az makul başka bir sebebi olduğundan da şüphe etmiyor değildim. Yarı zamanlı çalışma isteğimi kabul ettiğinden beri, başkalarının istemediği görevleri bana devrederek bir anlamda yaptığı iyiliğin acısını çıkarmaya çalıştığını hissediyordum. Bu pekâlâ, kafam saçma sapan bir sürü şeyle meşgulken, bulunduğum dört tekerlekli teneke kutuda, Paris'in uzak banliyölerini kat edişimin açıklaması olabilirdi.

Hadi Camille... Düşünüp durmayı bırak da yola konsantre ol!

Derken bir patlama sesi!.. Kalp atışımı dakikada 120'ye çıkarıp kontrolümü kaybettiren ve arabamın yoldan çıkmasına sebep olan korkunç bir gürültü duydum.

Başımı arabanın ön camına çarptım ve o an tuhaf bir şekilde fark ettim ki insanın hayatının film şeridi gibi saniyeler içinde gözünün önünden geçmesi, hiç de uydurma bir hikâye değilmiş. Birkaç saniyelik sersemlikten sonra kendime gelip elimi alnıma götürdüm. Kana benzer bir şey yoktu. Sadece yumurta gibi bir şişlik vardı. Çabucak vücudumu yokladım. Hayır, alnımdan başka bir yerimde ağrı sızı da yoktu. Neyse ki ucuz atlatmıştım!

Hasar tespiti yapmak için yağmurluğuma sarınarak arabadan indim. Lastik patlamış, arabanın yan tarafı göçmüştü. İlk şoku atlatınca korku yerini öfkeye bıraktı. *Kahretsin!* Bir günde bunca sorunla karşılaşmak mümkün müydü? Can simidine sarılır gibi elimi hemen telefonuma attım. Tabii ki çekmiyordu! Pek de şaşırmadım, şanssızlığıma çoktan teslim olmuştum.

Dakikalar geçti. Sessizlik... Ne gelen vardı ne giden. Bu ıssız yerde tek başımaydım. Gitgide büyüyen korkum, zaten susuzluktan kurumuş olan boğazımı daha da kurutmuştu.

Oturup panik yapacağına harekete geç! Yakınlarda bir ev falan vardır herhâlde.

Doğa şartlarına göğüs germek üzere barınağımdan çıkarken sırtıma o şahane ikaz yeleğini geçirdim. Başa gelen çekilirmiş! Ayrıca dürüst olmak gerekirse, içinde bulunduğum durum göz önüne alındığında, ne kadar *iyi* göründüğüm pek de umurumda değildi.

Bana sonsuz gibi gelen on dakikalık bir yürüyüşten sonra bir malikânenin demir parmaklıklarını fark ettim. Görüntülü diyafonun tuşlarına acil servisin numarasını tuşlar gibi telaşla bastım. Buz gibi bir erkek sesi, istenmeyen misafirler için kapı arkasından kullanılan bilindik tonlamayla cevap verdi:

"Evet? Ne vardı?"

İçimden dua ediyordum: Umarım burada insanlar biraz olsun yardımsever ve misafirperverdirler!

"İyi akşamlar beyefendi... Rahatsız ettiğim için özür dilerim ama evinizin arka tarafındaki ormanlık alanda kaza yaptım. Lastiğim patladı ve telefonum çekmiyor. Çekiciyi araya..."

Açılmaya başlayan parmaklıklı kapının metalik sesiyle yerimden sıçradım. Köpek yavrusu gibi bakan gözlerim mi yoksa denize düşmüş gibi sırılsıklam halim mi bu kıyı sakinini, evine sığınmama izin vermesi için ikna etmişti? Ne önemi vardı? Süklüm püklüm bir hâlde kapıdan geçtim ve kendimi, bakımlı ve son derece iyi düzenlenmiş bahçeyle çevrili bir binanın önünde buldum. Tıpkı balçığın ortasında parıldayan bir altın parçası gibiydi!

2

Dış merdivenin ışığı yandı, ağaçlıklı yolun sonundaki evin kapısı açıldı. Elinde tuttuğu kocaman şemsiyeyle bana doğru yürüyen ince uzun bir erkek karaltısı seçtim. Adam iyice yaklaştığında, derin çizgileri olan, oval ve son derece hoş yüzünü görebildim. Kırışıklıkları yüzüne bir hayli yakışıyordu. Sean Connery'nin Fransız versiyonuydu adeta. Ağzının iki yanında, dudak kenarlarını neşeli bir ifadeyle kıvrımlandıran, virgül gibi iki gamze vardı ve bunlar ilk bakışta yüzüne sempatik bir hava veriyor, insanı onunla diyalog kurmaya davet ediyordu. Altmışlı yaşlarına, seksekte o "son" kareye ulaşır gibi girmiş olmalıydı: yere sapasağlam basan dingin bir huzurla... Açık grinin hoş bir tonuna çalan ve afacan bir ifadeyle parlayan gözleri, küçük bir çocuğun özenle parlattığı iki bilyeyi andırıyordu. Kırlaşmış ve ön tarafı hafifçe açılmış güzel saçları, yaşına rağmen şaşırtıcı gürlükteydi. Kaşları alnında iki ince çizgi gibi uzanıyordu. En az evin bahçesi kadar iyi tıraşlanmış kısa sakalı, bütün kişiliğine yayılan özenin ilk işareti gibiydi.

Beni içeriye davet etti. Sessizce yürüttüğüm inceleme böylece yarım kaldı.

"Gelin! İliklerinize kadar ıslanmışsınız!"

"Te... Teşekkür ederim! Çok naziksiniz. Rahatsız ettiğim için gerçekten özür dilerim..."

"Özür dilemenizi gerektirecek bir şey yok. Hiç sorun değil. Şöyle oturun, kurulanmanız için size bir havlu getireyim."

Aynı anda, eşi olduğunu tahmin ettiğim, şık giyimli bir kadın bize yöneldi. Merakla çatılmış kaşları güzel yüzünün zarafetini bir an için bozsa da varlığımı fark eder etmez hemen toparlandı.

"Her şey yolunda mı hayatım?"

"Evet evet, yolunda. Bayan arabasıyla kaza yapmış ve ormanın kenarında telefonu çekmemiş. Kendini biraz toparlayıp telefon etmeye ihtiyacı var."

"Ah, tabii..."

Kadın soğuktan buz kesmiş halimi görünce bir fincan sıcak çay hazırlamayı teklif etti. Ben de hiç nazlanmadan kabul ettim. O mutfağa doğru yönelirken, adam elinde bir havluyla merdivenlerden indi.

"Teşekkür ederim beyefendi, çok naziksiniz."

"Claude. Adım Claude."

"Ah... Ben de Camille."

"Buyrun Camille. Telefon şurada, eğer birilerini aramak isterseniz..."

"Sağ olun. Uzun konuşmayacağım."

"Ne kadar isterseniz konuşabilirsiniz."

Şık ve kaliteli ahşap mobilyanın üzerinde duran telefona doğru yöneldim. Duvardaki modern sanat eserlerine bakılırsa, ev sahipleri hem zevk sahibi hem de varlıklı insanlardı. Böyle insanlara denk gelmiş olmak içimi son derecede rahatlattı (zor durumdaki-umutsuz-kadınları-yiyen-bir-canavarın inine düşmüş de olabilirdim sonuçta!).

Ahizeyi elime alıp sigorta şirketinin yol yardım servisini aradım. Arabamın bulunduğu yeri tarif edemeyeceğim için ev sahiplerinden izin alarak çekicinin önce bulunduğum adrese gelmesini önerdim. Bir saat içinde geleceklerini söylediler. Derin bir nefes aldım. Her şey yoluna giriyordu.

Ardından evi aradım. Claude rahat konuşabileyim diye odanın öbür ucuna gitti, maşayı kaptı ve şöminede çıtırdayan ateşle ilgilenmeye başladı. Bitmek bilmeyen sekiz uzun çaldırıştan sonra kocam telefonu açtı. Sesinden anladığım kadarıyla televizyonun karşısında uyuyakalmıştı. Arayanın ben olduğumu idrak ettiğinde ise, ne şaşırmış ne de endişelenmişti. İşten zaman zaman çok geç saatlerde dönmeme alışkındı. Başıma gelenleri anlattım. Beni dinlerken bir yandan da sinirli ve anlamsız sesler çıkarıyor, hoşnutsuzluğunu belli etmek için dişlerini gıcırdatıyordu. Tamircinin ne zaman geleceğinden, tamir ücretinin ne tutacağına kadar bir sürü teknik ayrıntı sordu. Sinirlerim öyle gergindi ki bu tavrı yüzünden ona bağırmamak için kendimi zor tuttum! Hayatında bir kez olsun empati kuramaz mıydı? Başımın çaresine bakacağımı ve uyumak için beni beklememesini söyleyerek telefonu öfkeyle kapattım.

Sinirden ellerim titriyordu. Gözlerim buğulanmaya başlamıştı. Claude'un yanıma geldiğini fark etmediğimden, elini omzumda hissedince birden sıçradım.

"İyi misiniz? Her şey yolunda mı?" diye sordu biraz önce kocamdan duymuş olmayı nasıl da arzuladığım anlayış dolu sesle.

Yüzünü, yüzümün hizasına getirmek için eğilerek sorusunu tekrarladı:

"İyi misiniz, her şey yolunda mı?"

Onda yakaladığım anlık bir şey beni allak bullak etti, dudaklarım titremeye başladı ve bir süredir engellemeye çalıştığım gözyaşlarımı daha fazla tutamadım. Yüzüm gözüm rimel içinde; şu son birkaç saattir, birkaç haftadır, birkaç aydır hatta birkaç yıldır içimde birikmiş ne kadar öfke varsa hepsini boşalttım.

3

Claude sıcak elini anlayışla omzuma koydu ve öylece durup tek bir söz söylemeden dinledi beni. Gözyaşlarım tükendiğinde, bir ara önüme bir fincan sıcak çay bırakıp giden eşi, bu sefer elinde birkaç mendille belirip tekrar ortadan kayboldu. Varlığının istediğim gibi içimi döküp rahatlamama engel olacağından çekinmiş olmalıydı.

"Çok... çok özür dilerim. Ne kadar saçma! Bana ne oldu böyle bilmiyorum. Son zamanlarda kendimi biraz hassas hissediyorum, üstüne de bu kâbus gibi gün eklenince biraz fazla geldi galiba!"

Claude karşımdaki koltuğa oturmuş bütün dikkatiyle beni dinliyordu. Onda, insanı kendisine açılmaya davet eden bir şeyler vardı. Gözlerini gözlerime dikerek uzun uzun baktı. Bakışında ne yersiz bir merak ne de sorgulama vardı. Kocaman açılmış bekleyen iki kol misali, iyilik dolu bir bakıştı bu. Gözlerinin içine bakınca, ona kendimi olduğum gibi, hiçbir aldatmacaya kaçmadan, oyunsuz ve maskesiz açmam gerektiğini hissettim. İçimdeki bütün kilitler birbiri ardına kırılıyordu. Ne fena! Yoksa ne iyi mi demeliyim?

Ona genel hatlarıyla ruhumdaki dalgalanmalardan bahsettim. *Görünüşte* mutlu olmamı sağlayacak her şeye sahip olduğum hâlde, yıllardır birikmiş irili ufaklı öfke ve hayal kırıklıklarının yaşama sevincimi nasıl yok ettiğini anlattım.

"Aslında mutsuz değilim ama tam olarak mutlu da değilim. Mutluluk ellerimden uçup gitti ve bunu biliyor olmak çok korkunç bir his! Fakat böyle bir şey için doktora gitmek istemiyorum, kesin depresyonda olduğumu söyleyip bir sürü ilaç yazar! Aslında tek sorun ruhsuzluk... Önemli bir sorun sayılamaz belki ama işte... Sanki artık içimden hiçbir şey gelmiyor. Ayrıca bütün bunların bir anlamı olup olmadığından emin bile değilim!"

Sözlerimden o kadar etkilenmiş görünüyordu ki bir an için bütün bunların ona çok kişisel bazı şeyleri hatırlatıp hatırlatmadığını merak ettim. Birbirimizi tanıyalı bir saat bile olmamıştı ama şimdiden aramızda tuhaf bir suç ortaklığı –gizli bir anlaşma– doğmuş gibiydi. Daha birkaç dakika öncesine kadar birbirimize tamamen yabancıyken, kendimi böyle açarak, itiraflarımla sanki iki yakın dostmuşuz gibi hayat hikâyelerimiz arasında bir bağ kuruvermiştim.

Görünüşe bakılırsa, hayatım hakkında anlattıklarım onda hassas bir noktaya dokunmuştu. Bütün içtenliğiyle beni rahatlatmaya çalışıyordu.

"Papaz Pierre '***Yaşamamızı sağlayacak şeyler kadar, yaşama sebebine de ihtiyacımız var.***' der. Önemli bir sorun değil dememek lazım. Aksine, çok önemli! Ruhumuzun acılarını hafife almamak gerek. Anlattıklarınıza bakılırsa, sorununuzun ne olduğunu bildiğimi söyleyebilirim."

"Yaa, öyle mi?" diye sordum bir yandan burnumu çekerek.

"Evet."

Sanki söyleyeceklerini anlayıp anlamayacağımı tahmin etmeye çalışır gibi bir an duraksadı. Anlayabileceğime karar vermiş olmalı ki bir sır verircesine devam etti:

"Büyük ihtimalle bir çeşit akut rutinizme yakalanmışsınız."

"Akut ne?"

"Akut rutinizm. Dünyada, özellikle Batı'da gittikçe yaygınlaşan ruhsal bir sorun bu. Çoğunlukla aynı belirtilerle ortaya çıkıyor: motivasyon eksikliği, müzmin bir kasvet hali, anlam ve yön kaybı, hayal kırıklığı, bıkkınlık, maddi her şeye sahip olup bir türlü kendini mutlu hissedememe..."

"Ama... Siz... Bütün bunları nereden biliyorsunuz?"

"Ben bir rutinoloğum."

"Rutino... ne?"

Her şey tamamen gerçeküstüydü!

Bu tür tepkilere alışık olmalıydı zira hiç istifini bozmadı.

Sonra bana kısaca rutinoloji uzmanlığının ne olduğunu anlattı. Bunun ülkemizde henüz pek iyi tanınmayan ancak dünyanın diğer bölgelerinde çok yaygın olan yeni bir uzmanlık dalı olduğunu söyledi. Araştırmacıların ve bilim insanlarının, bu sendroma yakalanan insan sayısının hızla arttığını tespit ettiklerini belirtti. Depresyonda olmayan birçok insanın nasıl her şeye rağmen içlerinde bir boşluk ve ruhsal bunalım hissettiğinden; nasıl mutlu olmaları için yeterli olan her şeye sahip oldukları hâlde, mutluluğu kucaklamalarını sağlayacak anahtardan yoksun oldukları hissiyle yaşadıklarından bahsetti.

Gözlerimi kocaman açmış, hislerime tercüman olan sözlerini pür dikkat dinliyordum:

"Doğrusunu isterseniz, akut rutinizm ilk bakışta zararsız gibi görünür ancak insanlar üzerinde daralma salgınları, ruhsal bunalım tsunamileri, yıkıcı kasvet rüzgârları gibi son derece büyük zararlara sebep olabilir. Yakın bir gelecekte gülmek yeryüzünden silinecek! Gülmeyin, gerçekten olacak bu! Kelebek etkisinden bahsetmiyorum bile! Bu fenomen her geçen gün yayılıp daha fazla insana bulaşıyor. Eğer doğru müdahale edilmezse, bütün bir ülkenin mutluluk seviyesini düşürecek güçte bir hastalık!"

Kullandığı cafcaflı ton bir yana, biraz fazla abarttığı kesindi ama bunu beni güldürmek amacıyla yaptığını seziyordum.

"Biraz abartmıyor musunuz?"

"Zannettiğiniz kadar abarttığımı sanmıyorum. Mutluluk fakiri insanların sayısını tahmin bile edemezsiniz! Heyecan kelimesinin anlamını dahi bilmeyenlerden hiç bahsetmiyorum! Tam bir felaket! Bir insanın hayatını arzuları doğrultusunda şekillendirmeye cesaret edemediği; kendi değerlerine, çocukken kurduğu hayallere veya koyduğu hedeflere sadık kalamadığı için hayatı ıskaladığı duygusuyla yaşaması kadar korkunç bir şey olamaz, sizce de öyle değil mi?"

"Mu... Muhakkak..."

"Mutlu olabilme kapasitemizi geliştirmek okullarda öğrenilebilen bir şey değil maalesef. Oysa bunun pek çok tekniği mevcut. İnsan çok zengin olup aynı zamanda çok mutsuz olabilir veya aksine, maddi olanaksızlıklar içinde de olsa yaşamdan büyük tat alabilir. Mutlu olma kapasitesi günden güne işlenip geliştirilebilen bir şey. Bunun için insanın değerler sistemini gözden geçirmesi, olaylara ve hayata bakış açısını değiştirmesi gerekir."

Kalktı, yemek masasının üzerinde duran, içi şekerleme dolu kâseyi alıp çayın yanında yemem için ikram etti. Oldukça önemser göründüğü konuşmamıza kaldığı yerden devam ederken, kendisi de arada bir, kâseye elini daldırıp birkaç şekerleme alıyordu. Bir yandan yaşamda kendi yönünü ve mutluluğu bulmak, etrafına sevgi ve mutluluk yaymak için insanın öncelikle kendine dönmesinin, kendini sevmeyi öğrenmesinin önemini anlatışını dinlerken, bir yandan da bu konuyla bu denli ilgilenmek için kendi hayatında neler yaşamış olabileceğini merak ediyordum.

Söylediklerine beni ikna edebilmek için bütün varlığını saran bir coşkuyla konuşuyordu. Birden sustu. Görme engelli birinin, Braille alfabesini okuduğu kolaylıkla içimi okuyan iyilik dolu bir bakışla beni süzdü.

"Camille biliyor musunuz, aslında hayatta başınıza gelenlerin çoğu burasıyla alakalı." diye devam etti parmağıyla başına vurarak. "Kafanızda! Zihnin gücü bizi her geçen gün şaşırtmaya devam ediyor. Düşüncelerinizin yaşadığınız gerçeği ne denli etkilediğini tahmin bile edemezsiniz. Bu biraz Platon'un *Mağara Alegorisi*'nde bahsettiği olaya benziyor: Bir mağarada zincire vurulmuş insanlar gerçek hakkında yanlış bir izlenim ediniyorlar zira arkalarında yanan ateşin karşı duvara yansıttığı biçimsiz gölgeleri gerçek kabul ediyorlar."

Sessizce oturmuş durumun tuhaflığının tadını çıkarıyordum. Açıkça söylemek gerekirse, araba kazası geçirdikten bir saat sonra şık bir salonda oturup felsefe konuşacağımı asla tahmin edemezdim!

"Platon'un efsanesiyle insan zihninin çalışma biçimi arasında benzerlik mi kuruyorsunuz? Vay!.."

Verdiğim tepkiye güldü.

"Elbette! Gerçekle aramıza filtre koyan ve gerçeği; inançlar, *kanılar* veya yargılar doğrultusunda değiştiren düşüncelerde benzerlik görüyorum. Bütün bunları üreten kim? Zihniniz! Sadece ve sadece zihniniz! Ben bunu 'düşünce fabrikası' olarak adlandırıyorum. Zihniniz gerçek bir fabrika gibi işliyor. Ama size iyi bir haberim var: Bütün bu düşünceleri değiştirme yetisine sahipsiniz. Kara kara düşünmek veya pembe pembe düşünmek tamamen kendi iradenize bağlı. Onun size kötü oyunlar oynamasına engel olabilirsiniz. İhtiyacınız olan sadece biraz cesaret, biraz sabır ve biraz da yöntem."

Şaşkınlıktan ağzım açık kalmıştı. Delirmiş olduğuna mı kanaat getirmeliydim yoksa bu inanılmaz söylevi coşkuyla alkışlamalı mıydım, bir türlü karar veremiyordum. Sonuçta ne birini ne de ötekini seçtim. Sözlerini onayladığımı belirtecek şekilde başımı sallamakla yetindim.

Daha fazla bilgiyi hazmedecek kapasitem kalmadığını tahmin etmiş gibi ekledi:

"Affedersiniz, teorilerimle canınızı sıktım."

"Hayır, asla! Söylediklerinizi son derece ilginç buluyorum. Sadece biraz yorgunum."

"Haklısınız, çok normal. Eğer arzu ederseniz, başka bir sefer size bu yöntemi açıklamaktan çok memnun olurum. Pek çok kişiye hayatlarının anlamını bulmakta ve mutlu bir hayat projesi kurmakta yardımı dokunduğu kanıtlanmış bir yöntem bu."

Ayağa kalktı ve kiraz ağacından yapılmış küçük yazı masasına yöneldi. Bir kartvizit alıp bana uzattı.

Sıcak bir gülümsemeyle, "Bana bir ara uğrayın." dedi. Kartı okudum:

Claude DUPONTEL

Rutinolog

15 rue de la Boétie

75008 Paris

Ne düşünmem gerektiğini bilemez hâlde kartı bir süre elimde tuttum. Nezaket gereği, teklifini düşüneceğimi söyledim. Israr etmedi, cevabımdan pek etkilenmiş gibi görünmüyordu. Satış uzmanı olduğum için tavrını anlamakta zorlanmıştım. Kendi hesabına çalışan birinin yeni bir müşteri kazanmak için elinden geleni yapması gerekmez miydi? Böyle bir ticari atağa kalkışmadığına göre kendine güveni hayli yüksek olmalıydı ve bu da çok sık rastlanan bir şey değildi. Tuhaf bir şekilde, eğer böyle bir fırsatı reddedersem, bu işte tek kaybedenin ben olacağımı hissettim. Ama hâlen akşamki olayların getirdiği duyguların etkisi altındaydım: şu aptal fırtına ve araba kazası. Her şey kötü bir korku filmi gibiydi ve şimdi de karşıma bir rutinolog çıkmıştı! İnanamıyordum. Birazdan kamera görünecek ve birileri bağıracaktı: "kamera şakası!"

Kapının zili çaldı. Kapıdaki ne bir kameraman ne de bir televizyon sunucusuydu. Çekici gelmişti.

Claude nezaketle, "Sizinle gelmemizi ister misiniz?" diye sordu.

"Hayır, teşekkür ederim. Gerçekten gerek yok. Zaten yeterince yardımcı oldunuz. Size nasıl teşekkür edeceğimi bilemiyorum."

"Rica ederim. Böyle bir durumda yardımcı olmak gayet doğal. Eve vardığınızda bize bir mesaj atın lütfen."

"Tamam, söz veriyorum. Hoşça kalın, tekrar teşekkürler!"

Çekicinin şoförüyle birlikte arabaya bindim ve kendisine kaza yerine kadar yolu tarif edebilmek için ön koltuğa oturdum. Başımı çevirip son bir kez arkaya baktığımda ev sahibi çift, merdivenlerde birbirine sevgiyle sarılmış, bana el sallıyordu. Müthiş bir sevgi ve uyum içinde oldukları aşikârdı!

Beni sorunlarımın gerçekliğine götüren aracın içine oturmuş sarsıla sarsıla karanlıkta yol alırken, bu dingin mutluluk tablosu zihnimde dalgalanmaya devam ediyordu.

4

Ertesi gün korkunç bir baş ağrısıyla uyandım. Ve maalesef, bir Ağaçkakan Woody sürüsü matkap gibi bütün gün beynimin içini oymaya devam edecekti! Gece boyunca Claude Dupontel'in sözlerini düşünerek bir sağa bir sola dönüp durmuştum. Gerçekten de akut rutinizme yakalanmış olabilir miydim? Son zamanlarda beni kıskacına alan ruh daralması böyle bir yardım arayışına girmemi gerektirecek boyutta mıydı?

Nihayetinde neden şikâyet ediyordum ki? İyi bir kocam, muhteşem bir oğlum ve maddi açıdan güvence sağlayan bir işim vardı. Tek yapmam gereken, silkelenmek ve tekrar tekrar aynı olumsuz şeyleri düşünüp kafamda kurmaktan vazgeçmek olamaz mıydı? Oysa benim bu kırkına yaklaşmış orta sınıf burjuvası hüznüm bayağı dayanıklı çıkmıştı. Pek çok kere üstünü örtmeyi denemiştim ama nafile...

Her şeye rağmen arada bir, bakış açımı değiştirmeye ve psikoloji dergilerinde dedikleri gibi *olaylara dışarıdan bakmaya* çalışıyordum. İnsanların yaşadığı felaketleri düşünüyordum. Bombalar altında hayatta kalmaya çalışan insanlar vardı. Ağır hastalıklarla boğuşanlar, evsizler, işsizler, sevgi görmeyenler... Bütün bunların yanında benim sorunlarım da neydi! Ama işte, Claude Dupontel'in de dediği gibi, kıyaslanamaz şeyleri birbirleriyle kıyaslamamak gerek. Mutluluk veya mutsuzluk ölçeği herkes için aynı değil. Adamı hiç tanımıyordum ama öyle dengeli, öyle... dingin bir hali vardı ki! Evet, tek kelimeyle *dingin.* İnsanın hayatını sihirli bir değnek dokunmuşçasına değiştirecek mucize reçetelere inandığım falan yoktu tabii ki. Ama bazı şeyleri değiştirmekten bahsederken oldukça inandırıcıydı. O, rutin ve kasvetin bir kader olmadığını, gündelik hayata katlanmayı reddedip hayatı dolu dolu yaşamayı seçenlerden olabileceğimizi iddia ediyordu. Yaşamı bir sanat eserine çevirmek mümkündü. Bu, *ilk bakışta* gerçekleşmesi imkânsız bir proje gibi geliyor ama neden olmasın, en azından denenemez miydi?

Teoride bunu gerçekten çok istiyordum. Ama ya pratikte? "Bir gün Teori'ye yerleşmeyi düşünüyorum çünkü Teori'de her şey olması gerektiği gibi." O hâlde *yapmalıyım-yapacağım* evresini aşıp, nasıl harekete geçmeliydim? Kafamda bu soruyla yataktan güçlükle kalktım. Gece boyunca dayak yemişim gibi berbat hissediyordum. Bütün bunlar yetmezmiş gibi, dalgınlıkla ilk önce sol ayağımı yere bastım. Evet, aptalca bir batıl inancım da vardı. Beynim zaten olumsuzluk dalgaları içinde boğulduğundan, bunu da derhal kötüye yordum: Günüm kesinlikle kötü geçecekti.

Çok sevgili kocam, Sébastien, yarım ağızla "Günaydın" dedi. Kravatıyla boğuşurken ettiği küfürlerden anladığım kadarıyla toplantısına geç kalmıştı. Yani bu sabah da Adrien'i okula o götürmeyecekti. *Derin nefes al ve sonra bir nefes daha...*

Adrien; dokuz yıl, altı ay, on iki gün ve sekiz saat önce dünyaya gelen oğlum... Onu size nasıl anlatmalı? Onun bir an önce büyüme telaşı beni hem duygulandırıyor hem de ürkütüyor, her şey çok hızlı ilerliyor! Fazla hızlı...

Adrien her zaman, her şeyi biraz erken yapıyordu. Dünyaya gelmek için bile kapıyı zamanından önce çalmıştı. İnanılmaz hareketliydi hatta daha karnımdayken minyatür bir tenis kortunda sağa sola savrulan toplar kadar hareketliydi. Yerinde durmasını sağlayacak tek şey, onu bir sandalyeye bağlamak olabilirdi. Yapacak bir şey yoktu. Kısa sürede gerçeği kabullenmek zorunda kalmıştık: Oğlumuz "Duracell" pilli çocuk kategorisindendi; şu, enerjisi asla tükenmeyenlerden.

Oysa benim enerjim tükenmez değildi. Onu dünyadaki her şeyden daha fazla sevmeme rağmen bazı günler tişörtünün altında minik bir enerji emicisi gizlediğini ve bu küçük zorbanın onu canı istedikçe, keyfine göre, benim enerjimi emmek için kullandığını düşünüyordum.

Françoise Dolto'nun* biberonundan beslenmiş modern ebeveynler olmamıza ve o meşhur "Çocuk ayrı bir bireydir." ilkesini sonuna kadar benimsememize rağmen fark ettik ki oğlumuza verdiğimiz eğitim oldukça serbestti. Çocuğun kişiliğine saygı göstermek ve aile içi iletişimi önemsemek mazeretleriyle ipleri biraz fazla gevşek bırakmıştık.

"Sınır kooooy!" diye defalarca uyarmıştı annem.

Haklıydı.

Sınır!.. Son birkaç aydır, aşırı ilgisizliğimize bir dur demek için koymaya çabaladığım tam da buydu işte. Hatta tam bir U dönüşü yaparak bir aşırılıktan diğerine savrulmuştum. Ancak fazla keskin olmuştu. Adrien'e sınır koymak için onu sürekli azarlıyordum.

Önce kızıp söylense de sonunda boyun eğiyordu. Her ne kadar "özgür çocuk" olmaya alışkınsa da neyse ki özünde gerçekten iyi huylu bir çocuktu.

Sürekli tepesinde olduğumun farkındaydım. Zaman zaman, bir sonsuz istekler makinesine dönüştüğümü düşünsem de bunu onun iyiliği için yapıyordum. Üstlenmek zorunda kaldığım bu rolden nefret ediyordum. Odanı topla, duşunu al, ışığı

* Çocuk psikanalizi konusunda uzman Fransız pediatri doktoru ve psikanalist. *(ç.n.)*

söndür, ödevlerini yap, klozetin kapağını kapat... Arkadaş-anne kostümünü dolaba kaldırıp birden kuralcı-anne kostümünü üzerime geçirmiştim ve çorap toplama konusunda ne kadar kazançtaysam, ilişkimizin kalitesi konusunda aynı oranda kayıptaydım. Aramızda sürekli bir gerginlik, bir güç savaşı oluşmuştu. Kedi köpek gibiydik. Sürekli tırnaklarımız dışarıda dolaşıyorduk. Sanki artık birbirimizi anlayamaz olmuştuk.

Odasına girdiğimde kafam bu düşüncelerle doluydu. Evden çıkmamıza on dakika vardı ve o, ayaklarında farklı renklerde birer çorap, saçları darmadağınık ve yarı çıplak bir hâlde duvara karşı pinpon oynamakla meşguldü. Üstelik odasının 1970'li yılların Beyrut'una benzeyen hali umrunda bile değildi.

Her daim afacan bir pırıltıyla ışıldayan, inanılmaz uzun kirpiklerle çevrili ela gözlerini üzerime dikti. Bir an durup ince hatlı yuvarlak yüzüne, somurtan muntazam dudaklarına baktım. Darmadağınıkken bile ipek gibi yumuşacık duran saçları insanda dokunma isteği uyandırıyordu. Nasıl da güzeldi eşek herif! Tutup öpmemek için kendimi zor tuttum zira bu saçmalığa bir an önce son verdirmem gerekiyordu. Kendine çekidüzen vermesi için yine o sevimsiz başçavuş rolüne bürünüverdim hemen.

"Aman anneeeeee! Neden sinirleniyorsun hemen? Sakin ol, rahatla!" diye cevap verdi, son günlerde hayranı olduğu ağır tavırlı rapçiden öğrendiği bir el hareketiyle. Bu alaycı tavırları beni her seferinde çileden çıkarıyordu. Çabucak bir duş alıp çıkmak için banyoya girerken, bağırarak onu azarlamaya devam ettim. Zihnimdeki *yapılacaklar listesi* ile bunalmış bir hâlde haldır haldır sabunlanmaya başladım.

Duştan çıkıp aynadaki yansımamı görünce kaşlarım çatıldı. Alnımın ortasında aslanlarınki gibi kocaman bir kırışık vardı. Oysa bir ceylan olduğum zamanlar da olmuştu.

Bir zamanlar güzel olan yüzüme baktım. Hâlâ güzel olabilirdi aslında, eğer tenim bu kadar soluk, eskiden son derece çekici olan yeşil gözlerimin altındaki halkalar bu kadar mor olmasaydı. Aynı, yuvarlak yüzümü çevreleyen sarı saçlarım gibi... Geçmişte, vakit ayırıp kuaförde havalı bir kesim yaptırdığım zaman, saçlarım gerçekten güzel ve ipek gibi görünüyordu. Şişmanlamıştım da. Hamilelik sonrası veremediğim birkaç kilo, geçen yıllar ve üstüne, bunaldıkça saldırdığım şekerli yiyecekler... Somurtarak, sonucunu düşünmeden zevk için yediğim onca şeyin yol açtığı hasarı tespit etmek amacıyla sarkan boğumlarımı çekiştirdim. Gün boyu moralimi bozmaya yetecek kadarlardı!

Giyinmek üzere odaya girdim ve aceleden komodinin üzerindeki çerçeveyi devirdim. Yerine koymak için elime aldım. İçinde, eşimle geceleri ay ile yarışıp, yıldızlarla güldüğümüz dönemlerden kalma güzel bir fotoğraf vardı. Kulağıma fısıldadığı sevgi sözcükleriyle beni benden alan, gözleri ışıl ışıl parlayan o yakışıklı adam nereye kaybolmuştu? Ne kadar zamandır beni baştan çıkarmak için en ufak bir girişimde bulunmamıştı. Aslında nazik bir erkekti. Hem de çok! Yıllar geçerken ilk zamanlardaki ateşli ilişkimizin yerini sinsice alan şefkat dolu, dostane ilişkiyi düşününce içim bulandı. Bir zamanlar balta girmemiş vahşi bir orman olan aşk hayatımız, mevsimler boyunca biçim değiştirerek, bugün Fransa'nın meşhur parklarına benzer hale gelmişti: planlanmış ve dümdüz budanmış. Oysa aşkın coşup taşması, kıvılcımlar saçması, köpürüp köpürüp fışkırması gerekmez miydi?

En azından biz öyle olacağını düşünmüştük. Her şey ne zaman bu kadar değişmişti? Adrien doğduktan sonra mı? Sébastien işinde terfi aldığında mı? Kim bilir ne zaman... Nedeni ne olursa olsun, sonuç aynıydı: İlişkimiz boğazına kadar evlilik çamuruna batmış, monoton bir düzen içinde sıkışıp kalmış, uzun süre çiğnendikten sonra tadını tamamen yitirmiş bir sakız gibi yavanlaşmıştı.

Ani bir hareketle bu olumsuz düşünceleri zihnimden kovup elime ilk gelen kıyafetleri üzerime geçirdim. Şıklıkmış, çekicilikmiş, hepsinin canı cehenneme! Hem ne için, kim için? Evlendiğimden beri kimsenin ilgisini çektiğim de yoktu zaten. Madem öyle, şıklıktan ziyade rahatlıktı bundan sonra önemli olan.

Oğlumu yol boyu hızlı yürümesi için sürekli azarlayarak alelacele okula bıraktım. Acele kelimesi yaşamımızın efendisiydi artık. Kendi kurallarını koyuyor, tüm gücü elinde tutan bir zorba gibi davranıyor ve bizi akreple yelkovanın ezici gücüne boyun eğmeye zorluyordu. Bunu anlamak için, bir sonraki treni beklemek yerine, tıklım tıklım dolu metroya binebilmek için birbirini ezen insanlara bakmak yeterdi aslında ya da birkaç dakika zaman kazanmak için kaza riskini göze alarak kırmızı ışıkta geçenlere. Bir de, bir yandan yemek yerken veya sigara içerken telefon etmeye çalışanlar vardı. Ben de onlardan farklı değildim. Arabam tamirde olduğundan, koşar adım metroya gittim. Merdivenlerden inerken neredeyse yuvarlanıyordum.

Treni kaçırmamak için bacağını kırmak harika bir fikir Camille!

Nefes nefese, havanın soğuğuna rağmen kan ter içinde kendimi bir koltuğa attım. Bugünü sağ salim nasıl tamamlayacağımı gerçekten merak ediyordum.

5

Sekiz gün önce, Claude Dupontel'in evinden çıkarken, kartvizitini montumun cebine koymuştum. O günden beri her gün, elimi atıp kartı cebimde evirip çeviriyor, arasam mı aramasam mı bir türlü karar veremiyordum. Nihayet dokuzuncu gün, patronumun beni herkesin içinde azarladığı fırtınalı bir toplantıdan çıkarken, bunun böyle daha fazla devam edemeyeceğine karar verdim: Bir şeylerin değişmesi gerekiyordu artık! Nasıl olacağını, nereden başlayacağımı bilmiyordum ama içimden bir ses, Claude'un bunu bilebileceğini söylüyordu.

Öğle tatilini fırsat bilip telefon ettim. Sabahki toplantı yüzünden hâlâ midem bulanıyordu.

Birkaç defa çaldırdıktan sonra telefona cevap verdi:

"Claude Dupontel ile mi görüşüyorum?"

"Evet benim."

"Ben Camille, hatırladınız mı?"

"Ah, evet. Merhaba Camille. Nasılsınız?"

"İyiyim, teşekkür ederim. Yani... Aslında çok iyi sayılmam. Sizi tam da bu nedenle arıyorum."

"Ya?"

"Bahsettiğiniz metodu bana daha detaylı açıklamayı önermiştiniz. Bunu gerçekten merak ediyorum. Eğer müsait bir zamanınız olursa..."

"Hemen bakıyorum. Bakalım... Cuma günü saat 19.00 sizin için uygun mu?"

Aceleyle Adrien'i ne yapacağımı düşündüm. Babası işten dönene kadar bir süre evde yalnız kalabileceğine karar verdim.

"Evet uygun, ayarlayabilirim. Çok teşekkürler! Cuma günü görüşmek üzere..."

"Pekâlâ Camille, o zamana kadar kendinize iyi bakın!"

Kendinize iyi bakın... Ofise doğru yürürken sözleri hâlâ kulaklarımda çınlıyordu. Birilerinden biraz olsun ilgi görmek ne kadar iyi geliyordu! Kaba saba insanlarla dolu bu dünyada bir parça iyilik! Sekiz erkeğin içinde çalışan tek kadın olan ben, bu dünyayı çok iyi tanıyordum. Alaylı sözlerin, aşağılamaya varan liseli ergen esprilerinin ardı arkası kesilmiyordu. Bıkkınlık gelmişti. Başka şeyler istiyordum artık. İlişkilerde biraz daha samimiyet belki. İşimden memnundum aslında. Annemin bana sürekli hatırlattığı gibi, günümüzde böyle kalıcı bir işe sahip olmak büyük bir lükstü.

Ah evet, annem... Ben doğduktan kısa bir süre sonra babam annemi terk etmişti. Her ne kadar tamamen ortadan kaybolmamış, ara sıra bize ekonomik yardımda bulunmuş olsa da, annem geçimimizi sağlamak için tek başına didinmiş ve iki yakasını bir araya getirmekte daima zorluk çekmişti. Bu nedenle büyüyüp eğitimim hakkında karar verecek yaşa geldiğimde –anneme göre– kolayca iş bulmamı sağlayacak bir meslek seçmem gerekiyordu. Hayatta başıma ne gelirse gelsin, ekonomik bağımsızlığımı korumama yardım edecek, iyi gelirli bir meslek edinmemi sağlayacak bir bölüm seçmeliydim. Böylece kendimi bildim bileli resim yapmaya tutkun olan ben, bütün hayallerimi bir kutuya kaldırıp hiç istemediğim hâlde ticaret okumuştum. Görünüşte son derece düzgün bir öğrenciydim fakat içimde bir şeylerin kırıldığını hissediyordum. Terk edilmiş her çocukluk hayali insanın kalbinde bir yumrudur!

Hiç kuşkusuz, diplomamı aldığım gün, doğumumdan sonraki en güzel günüydü annemin. Kendisinden çok daha iyi bir geleceğe sahip olacaktım. Annemin sevinci benim görünmez yarama biraz olsun merhem oldu. Sonunda kendimi bu yolu seçmekle iyi yaptığıma inandırdım. Kariyerimin başlangıcı bir hayli umut vericiydi. İnsan ilişkilerinde oldukça yetenekliydim. Ancak zaman içinde, evlilik ve Adrien'in doğumu mesleki hırslarımı azalttı. Kariyerini her şeyin önünde tutan, varlığıyla yokluğu belli olmayan bir anne olmak istemediğimden ve oğlumun büyüme sürecini dolu dolu yaşayabilmek için işe yarı zamanlı olarak dönmeye karar verdim. O zamanlar en doğru kararı vermiş olduğuma safça inanıyordum ve bu durumun yaratacağı olumsuzlukları hiç hesaba katmamıştım: Herkesin beş günde yaptığı işi dört günde yapmanın zorluğu bir yana, üstlerimin ve iş arkadaşlarımın saygısını da kaybetmiştim. Resmen gözlerindeki değerim düşmüştü ve bu bir haksızlıktı!

Kalıcı eşimle ilişkim de kalıcı işimle aynı dönemde başlamıştı. İnişli çıkışlı da olsa, öyle çok büyük sorunlar yaşamadan, oldukça huzurlu on iki koca yıl geçti. Kırkıma merdiven dayamıştım (aslında tam olarak otuz sekiz yaş ve bir çeyrek. Tanrım! Yıllar geçtikçe kum taneleri neden daha hızlı akıyor sanki?) ve geriye dönüp baktığımda, manzara çok da kötü görünmüyordu: Her şeye rağmen hâlâ benimle olan bir kocam (görünüşe göre ailenin terk edilen kadınlar laneti beni vurmamıştı ama Demokles'in kılıcı gibi bunu bazen tepemde hissetmiyor değildim), harika bir çocuğum (evet fazla kıpırdak ama bu onun enerji dolu bir çocuk olduğunu göstermez mi?), iyi bir gelirim ve ara sıra, yeni müşterilerle kontrat imzaladığımda büyük manevi tatmin yaşamamı sağlayan bir işim vardı.

Her şey yolunda sayılırdı. Olabildiğince. Ve işte, tam da bu "olabildiğince" yüzünden bir an önce Claude Dupontel'i görmeye ihtiyacım vardı. Çünkü bu küçük "olabildiğince", çok büyük "niçin"ler ve yakında keşfedecek olduğum sonsuz sorgulamalar saklıyordu içinde.

Randevu yerine vardığımda beni; şık kesme taş duvarları, ferforje balkon korkulukları, el işlemeli silme ve saçaklarıyla son derece etkileyici Haussmann tarzı bir bina karşıladı. Ana kapıdan geçince, bir heykelin yan bakışlarını üzerimde hissettiğim lüks bir holde buldum kendimi. Güzel kaldırım taşlarıyla döşenmiş ve birbirinden değişik formdaki yeşil yapraklarının bütün zenginliğini, ziyaretçilere cömertçe sergileyen bitkilerle süslenmiş iç avluya doğru küçük bir fare gibi biraz çekinerek yürüdüm. Burası şehrin karmaşası içinde bir sığınak gibiydi adeta. "Avlunun sonunda, soldaki ilk kapı..." demişti Claude Dupontel.

Ufak tefek bir kadın, kapının arkasında hazır bekliyormuş gibi, ben daha elimi zile değdirir değdirmez kapıyı açtı.

Yüzünde kocaman bir gülümsemeyle, "Camille mi?" diye sordu.

Şaşırmıştım. "Eee... Evet, benim." diye cevap verdim.

Koridor boyunca yanında yürürken, ara sıra bana meraklı ve alaycı bakışlar attığını hissediyordum. Rujum akmış olabilir mi veya kıyafetimde bir tuhaflık mı var acaba diye duvarda duran aynaya aceleyle bir göz attım. Ama görünürde bir tuhaflık yoktu. Beni son derece rahat, lüks koltuklarla döşenmiş bekleme salonuna götürüp, Claude Dupontel'in benimle hemen ilgileneceğini söyledi. Duvarlardaki modern sanat eserlerinin ahenkle birbirine geçen renk ve çizgilerini hayranlıkla incelemeye koyuldum. Bir süre sonra, Claude'un asistanı genç bir kadınla çıkageldi. En fazla otuz yaşlarında görünen kadın, sol taraftaki bir koltuğa yerleşti. Son derece çekici, esmer bir kadındı. Fiziğine ve son moda giysilerinin şıklığına imrenerek baktım. Onu uzaktan süzdüğümü fark edince gülümsedi.

"Claude ile randevunuz mu var?"

"Evet."

"İlk gelişiniz mi?"

"Evet."

"Göreceksiniz, olağanüstü bir insan! Benimle mucizeler yarattı diyebilirim. Doğrusunu isterseniz, uyguladığı yöntem insana başta biraz tuhaf geliyor ama..."

Daha fazlasını söylemek için bana doğru eğilmişti ki Claude Dupontel kapıda belirdi.

"Ah, Sophie, buradasınız. Merhaba Camille. Sophie ile küçük bir evrak işimiz var, sonra hemen sizinle ilgileneceğim."

Genç kadın, onunla dünyanın öbür ucuna gitmeye hazırmış gibi bir edayla, peşi sıra yürüdü. Koridorda çınlayan kahkahasını duydum. İki yakın arkadaş gibi anlaştıkları belliydi. Odanın kapısı kapandı. Sessizlik. Biraz sonra kapı açıldı ve tekrar genç kadının gülüşü duyuldu. Sıram gelmişti.

Avuçlarımdaki suçluluktan kaynaklı nemin izlerini yok etmek amacıyla ellerimi gizlice montuma sildim. Böyle önemsiz bir randevudan bu kadar korkmam çok aptalcaydı, sonuçta buraya sırf merakımdan gelmiştim!

"Camille? Bu taraftan, beni takip edin..."

Yine son derece ince bir zevkle döşenmiş olduğunu fark ettiğim odasına kadar peşi sıra yürüdüm.

"Buyurun, oturun lütfen. Sizi gördüğüme memnun oldum." dedi sözlerinde samimi olduğunu gösteren bir gülümsemeyle. "Buraya kadar geldiğinize göre, hayatınızda bazı şeyleri değiştirmek istediğinizi düşünebilirim, değil mi?"

"Evet. Yani, sanırım... Geçen gün anlattıklarınız gerçekten ilgimi çekti ve uyguladığınız yöntem hakkında daha fazla bilgi edinmeye karar verdim."

"Kısaca anlatmak gerekirse, bu, alışılmış yöntemlerden farklı çünkü değişime kuramsal değil, deneysel bir yaklaşım öneriyor. Biz değişmek isteyen bir insanın kendi gerçeğini veya hayatına ne anlam katacağını bir muayenehanenin duvarları arasında bulmasının imkânsız olduğu fikrinden hareket ediyoruz! İnsanın bunu ancak somut şeylerle, eylem ve deneyim yoluyla bulabileceğine inanıyoruz. Bir de yöntem kaynağını; çeşitli felsefi, dini hatta bilimsel düşünce akımlarının öğretilerinden ve dünya çapında denenmiş kişisel gelişim tekniklerinden alıyor diyebilirim. Aslında insanoğlunun gelişmek adına icat ettiği ne varsa, hepsinin bir özeti."

"Anlıyorum... 'Hayata anlam katmak' dediniz. Herkesin aradığı da bu değil mi zaten? Aynı Kutsal Kâse gibi. Ancak onu bulmak o kadar kolay görünmüyor ve ben nereden başlamam gerektiğini bilmiyorum açıkçası!"

"Hiç endişelenmeyin! 'Hayata anlam katmak' değişime giden yolda izlemeniz gereken ana çizgidir aslında. Uygulamada adım adım, aşama aşama ilerliyoruz."

"Aşama aşama mı?"

"Evet. Hiç kimse bir günde 'değişimde siyah kuşak' sahibi olmuyor elbette. Bu yüzden öğrencilerimin kademeli olarak gelişmelerini sağlamak için onlara **küçük adımlar yöntemini** uyguluyorum. Değişim deyince, insanlar bunu kökten, çok büyük bir şey gibi algılıyorlar oysa yaşamdaki en önemli değişimler daima önemsiz gibi görünen küçük dönüşümlerle başlar. Tavsiye ettiğim şeylerin herkesin bildiği hatta bahsetmeye bile gerek olmayan şeyler olduğunu düşünmeniz bile mümkün bazen. Ancak şunu bilin ki zor olan, bir şeyi bir kere başarmak değil, her gün başarmaktır. Aristoteles, *'Sürekli yaptığınız şey neyse, siz osunuz.'* der. O kadar doğru ki! Daha iyi, daha mutlu ve daha dengeli bir insan olmak için düzenli olarak çalışmak ve çaba sarf etmek gerekir. Asıl zor olanın, kendinizi daha iyi hissetmek için ne yapmanız gerektiğini bulmaktan ziyade, teoriyi pratiğe dönüştürüp kararlı bir şekilde işe girişmek olduğunu göreceksiniz."

"Peki, benim başarılı olacağımı nereden biliyorsunuz?"

"Bunu bilmesi gereken ben değilim, sizsiniz! Ama başarıp başaramayacağınızı sorgulamak yerine, gerçekten isteyip istemediğinizi sorgulamakla başlamalısınız. Bunu gerçekten istiyor musunuz Camille?"

"Şey... Evet. Sanırım evet."

Anlayışla gülümsedi. Sonra çalışma masasının yanındaki duvarda asılı olan çeşitli dokümanlara bir göz atmamı önerdi. Ayağa kalkıp yaklaştım. Duvarda, kendilerine ait olduğunu tahmin ettiğim işlerde çalışan, son derece başarılı ve mutlu görünen insanların fotoğrafları, kendisine teşekkür etmek için uzak ve lüks tatil beldelerinden gönderilmiş kartpostallar ve minnettarlık belirten pek çok mesaj asılıydı.

"Onlar da başlarda, önerdiğim yöntemden kuşku duyuyorlardı doğal olarak. Tıpkı sizin gibi. İlk adımı atmak için gerekli olan tek şey, gerçekten istemektir. Değişmeyi gerçekten istiyor musunuz?"

Ruhumun derinliklerini yokladım.

"Ah, evet. Cevabım kesinlikle evet! Her ne kadar biraz ürkütücü gelse de hayatımda bazı şeylerin değişmesini gerçekten istiyorum! Ancak bu nasıl olacak... İşte orası biraz belirsiz!"

"Bu bir klasik. Durumu daha net görmenizi sağlayacak küçük bir egzersize ne dersiniz? Sadece birkaç dakikanızı alacak. Üstelik sonunda fikrinizi değiştirmekte serbestsiniz."

"Tamam, neden olmasın..."

"Harika. Hayatınızda değiştirmek istediğiniz her şeyi bir kâğıda yazmanızı öneriyorum. En önemsiz şeyleri de çok önemli şeyleri de, her şeyi yazmalısınız. Hiçbir şeyi sansürlemeyin, olur mu?"

"Peki tamam."

Beni odanın bir köşesinde, üzerinde her türlü kâğıt ve kalemin, daha-iyi-bir-yaşam-adaylarını beklediği küçük bir yazı masasına oturttu. Yüzünde cesaret verici bir gülümsemeyle, "Sizi yalnız bırakayım. Birazdan gelirim." dedi.

Egzersiz gözüme son derece basit göründü ve derhal hayatımı bütün detaylarıyla süzgeçten geçirip aklıma gelen şeyleri not etmeye koyuldum. Fikirlerin böyle fışkırarak akmasından son derece memnundum ancak bir süre sonra listenin bir hayli uzun olduğunu fark ettiğimde, memnuniyetim tamamen kayboldu. Ne çok tatminsizlik biriktirmiş olduğumun bilincine varıp şok geçirdim.

Claude Dupontel geri geldiğinde listemin uzunluğu karşısında şaşkınlığını belli etmeme nezaketini gösterdi.

"Çok iyi." demekle yetindi.

Öğretmeninden övgü alan liseli kızlar gibi aptalca bir sevince kapıldım.

Saçmalama! Böyle bir tatminsizlik listesine sahip olmakta sevinecek bir şey yok!

Aklımdan geçenleri okumuş gibi güven verici bir tonla ekledi:

"Kendinizle gurur duymalısınız. Hayatında yolunda gitmeyen şeyleri böyle kâğıda dökmek herkesin harcı değildir! Kendinizi tebrik edebilirsiniz."

"Genel olarak, kendimle gurur duymak pek bana göre bir şey değil."

"Bu kolaylıkla düzeltilebilecek bir durum."

"Şu an benim için inanması zor görünüyor."

"Oysa sizden ilk olarak isteyeceğim şey tam da bu: inanmak. Buna hazır mısınız?"

"E... Evet... İnanıyorum... Yani eminim demek istiyorum!"

"Hele şükür! ***'Değişim sadece içeriden açılan bir kapıdır.'*** Camille. Yani değişmeye sadece ve sadece siz karar verebilirsiniz. Ben yalnızca yardım edebilirim. Ancak sizin buna tamamen gönüllü olmanız gerekiyor."

" 'Tamamen gönüllü olmak' derken neyi kastediyorsunuz?" diye sordum belli belirsiz bir endişeyle.

"Sizden yapmanızı istediğim şeyleri itiraz etmeden kabul etmenizi istiyorum. Endişelenmenize gerek yok. Ne ulaşılması imkânsız ne de tehlikeli olabilecek şeyler isteyeceğim. Tamamen ahlaki bir çerçevede, kendi gelişim temponuzu göz önünde tutarak çalışacağız. Tek amacımız, içinizde yaşamınızdaki değişikliklere eşlik edecek olan pozitif ışıkları yakmak."

"Peki ya bu yöntem hoşuma gitmezse?"

"Kesinlikle devam etmek mecburiyetinde değilsiniz. Bırakmak isterseniz, bırakırsınız. Ancak devam etmeye karar verecek olursanız, kendinizi bu işe %400 vermenizi istiyorum. Çünkü en iyi sonucu elde etmek başka türlü mümkün olmuyor."

"Süreç ne kadar sürüyor genellikle?"

"Kişinin kendini mutlu kılacak yaşam projesini çizmek için ne kadar zamana ihtiyacı varsa o kadar..."

"Hmmm, anlıyorum... Bir sorum daha var. Ücret konusundan hiç bahsetmediniz ve ben maddi açıdan imkânlarımın yetip yetmeyeceğini merak ediyorum."

"Rutinoloji uzmanlığı kendi alanında tek ve çok özel bir işleyişe sahip, kendini fazlasıyla ispatlamış bir sistem. Bana ne kadar ücret ödemeniz gerektiğini düşünürseniz o kadar ödüyorsunuz ve ödemeyi de sadece başarıya ulaştığınızda yapıyorsunuz. Şayet yöntemim işe yaramaz ve sonuçtan tatmin olmazsanız, hiçbir şey ödemek zorunda değilsiniz."

"Ne? Ama bu çok saçma! Geçiminizi neyle sağlıyorsunuz? Hem, insanların dürüst davranıp yarın bir gün borçlarını ödeyeceklerinden nasıl emin olabilirsiniz ki?"

"Bu, sizin şu andaki dünya görüşünüz Camille. Sizi temin ederim ki bugüne kadar, karşılıklı güven ve bilgi paylaşımı veya koşulsuz destek gibi diğer bazı değerlere yatırım yaparak yardımda bulunduğum herkes, hedefine ulaştıktan sonra ödeme konusunda son derece cömert davrandı. Kendi kişiliğine ve öz değerlerine biraz olsun saygı duyan her insanın bunu başarabileceğine yürekten inanıyorum. Gerekli olan tek şey, öz benliğimize uygun olan yaşam projesini kurmak. Bu da kararlılıktan, yöntemli ve çok fazla çalışmaktan geçiyor. Ama ucundaki ödül gerçekten müthiş!"

"Başarısız olan çıktı mı hiç?"

"Hayır."

"..."

"Pekâlâ. Bugünlük bu kadar yeter. Bir süre, bütün bu konuştuklarımız hakkında sakince düşünün. İsterseniz, bir fikir sahibi olmak amacıyla sadece ilk aşamayı deneyebilirsiniz. Memnun kalırsanız devam edersiniz yoksa bırakırsınız!"

"Düşüneceğim, teşekkür ederim."

Beni kapıya kadar geçirdi ve hayatta ne istediğini bilen insanlara özgü güvenle elimi sımsıkı sıktı. İmrenmemek elde değildi.

"En kısa zamanda size cevabımı bildireceğim. Hoşça kalın Claude."

"Hiç acele etmeyin, istediğiniz kadar düşünün. Hoşça kalın Camille."

6

Kendimi, kendime tamamen yabancılaşmış bir hâlde sokağa attım. Görüşme beni altüst etmişti. Ellerim titriyordu ve ben bunun korkudan mı yoksa heyecandan mı kaynaklandığını bilmiyordum. Eve dönmek için metroya doğru yürürken kafamın içinde binbir tane düşünce dönüp duruyordu. Attığım her adımda Claude'un sözleri kulaklarımda çınlıyor ve bu beni gitgide daha kararlı kılıyordu: "Herkesin hayata karşı bir sorumluluğu var, sizce de öyle değil mi? Kendini tanımayı öğrenmek, günlerin sayılı olduğunun bilincine varmak, sorumluluk veren anlamlı seçimler yapmak. Ve elbette, yeteneklerini boşa harcamamak... Bir insanın hayatındaki en acil işi, kendini gerçekleştirmektir Camille!"

Gece boyunca, son zamanlarda hayatımın neye benzediğini düşünüp durdum. Hayatım sanki artık yaşamadığım, sadece uzaktan izlemekle yetindiğim bir şeydi! Kendimi daha fazla kandırmaktan vazgeçip işleri ele alma zamanı gelmişti. "*Yaşamaya değer bir hayatsa istediğin, değiştir her şeyi, her şeyi değiştir. Değiştir herşeyi, her şeyi değiştir, değiştir gitsin!*" diyordu Michel Jonasz şarkısında. Bunu kendi şarkım ilan etmeliydim.

Hayatımın annelikle ilgili kısmı son derece gergindi. Uzunca bir süredir oğlumla ilişkim elektrikliydi. Her şey yük gibi geliyordu. Ödevleriydi, okul sonrası aktiviteleriydi, doktor randevularıydı derken kendime ayıracak bir dakikam bile kalmıyordu. Kendime ait olmaktan çıkmıştım. Akşam olup da eve adım attığımda, binbir iş beni bekliyor oluyordu. Biraz olsun kendime vakit ayıramadığım için sabır eşiğim önemli ölçüde düşmüştü. En ufak bir şey bile sinirlerimi zıplatmaya yetiyordu. Özellikle de ev ödevleri... Zira bu yıl, işini fazla ciddiye alan bir öğretmen sayesinde her zamankinin üç katına çıkmıştı. Okuldan zaten yorgun dönen Adrien'e bu ödev yükü bir ceza gibi geliyordu. Dolayısıyla ödevleri bir türlü bitmek bilmiyordu. Bazen onu ölmüş eşek gibi sürüklemem gerekiyordu. Bağırıp çağırıyordum. Doğal olarak, sonunda o da patlıyor, ya ağlamaya başlıyor ya da sinir krizleri geçiriyordu.

Kendimi öyle bitkin hissediyordum ki ödevler biter bitmez, onu kendi haline bırakıyordum ve o da derhal tablete ya da televizyona hücum ediyordu. İşin kolayına kaçtığımın bilincindeydim ama biraz olsun nefes alıp beş dakika dinlenmek benim de hakkımdı. Kendimi, "Bu çok insanca, değil mi canım?" diyerek teselli etmeye çalışıyordum.

Son günlerde elinden düşürmediği Minecraft oyununda kurduğu hayali dünyayı gelip görmem veya YouTube'ta bulduğu ve beğendiği bir videoyu izlemem için sürekli ısrar edip duruyordu.

"Çok meşgulüm oğlum, daha akşam yemeğini hazırlayacağım."

Durum böyleydi. Son birkaç aydır onun dünyasına ilgi gösterecek hiç enerjim yoktu ve böyle davranarak farkında olmadan aramızda bir uçurum açılmasına neden oluyordum. O da üzgün ve hayal kırıklığına uğramış bir hâlde odasına gidiyordu.

"Benimle hiçbir şey yapmıyorsun zaten!" diye şikâyet ediyordu bazen. Devamlı açıklama yapıyordum:

"Biraz anlamaya çalış Adrien. Sen artık büyüdün. İşler kendi kendine hallolmuyor ki! Hem, o kadar oyuncağın varken..."

"Evet ama beraber oynayacak hiç kimsem yok. Neden bana bir erkek kardeş yapmıyorsun?"

Tamam işte, yine suçluluk duygusu... Neden Avrupalı kadınlar olarak, hepimizin ortalamaya uygun şekilde iki çocuk yapması gerekiyor? Ya ben sadece bir tane istiyorsam?

Toplum baskısı... İşte, beni inanılmaz sinirlendiren şeylerden biri daha! Herkes sürekli basmakalıp cümlelerle kafamı şişiriyordu: "*Tek çocuk olmak ne üzücü! Canı sıkılıyordur.*"

Başka çocuk istemediğimi söylediğimde Sébastien hayal kırıklığına uğramıştı. Aramızdaki soğukluğun nedenlerinden biri de bu olabilirdi aslında. Ve rutin hayat. Monotonluk ve sıradanlığın getirdiği yıkım. Kendinizi göstermek zorunluluğunuz kalmayınca, bir süre sonra görünmez oluyor, salmaya başlıyordunuz. Boşvermişlik her yanınızı kaplıyordu ama siz bunu bile görmüyordunuz.

Bunları düşünürken koltukta uzanmış kocama bir göz attım. Bir yandan televizyon izleyip, bir yandan da elindeki akıllı telefonla oynuyordu. Varlığıma aldırış eder gibi bir hali yoktu ve tabii ki içimde kopan fırtınalardan bihaberdi. O an fark ettim: Tamam işte, bu son derece düzenli, uyuşuk mutluluktan kurtulmak istiyordum. Bazı şeyler bozulmasın diye, artık tüm anlamını kaybetmiş, bu küçük ve manasız hayatı kabullenmeyecektim. Kurulu düzeni, gereklilikleri, kanıksanmış olanı altüst etmeyi göze alacaktım! Konfor alanımdan çıkıp güvenli bir hayat yerine coşkulu bir hayatı seçecektim! Kısaca "*reset*" tuşuna basıp her şeye yeniden başlayacaktım.

Claude Dupontel'e bir mesaj yazıp, tıpkı altındaki merdiveni kendi eliyle çeken biri gibi aceleyle "gönder" tuşuna bastım; geri adım atma şansım kalmasın istiyordum. Biraz daha düşünecek olursam vazgeçebilirdim.

Önerdiğiniz yöntemin neye benzediğini görmek için denemeye karar verdim. Sonuçta kaybedecek bir şeyim yok, değil mi?

Yarım saat sonra telefonuma gelen mesajın sesini duyarak ürperdim.

İlk adımı attığınız için sizi tebrik ederim. En zoru, ilk adımı atmaktır. Bunun için pişman olmayacağınızdan eminim. Posta kutunuzu gözleyin. Zira size ilk talimatlarımı göndereceğim. Yakında görüşmek üzere, Claude.

Memnuniyet. Heyecan. Endişe. Bu üç duyguyu aynı anda yaşıyordum.

Gece hayli huzursuz geçti. Rüyamda mutluluktan sarhoş, son sürat bir kayak pistinden aşağı kayıyor ve durmak istediğim hâlde, bütün çabalarıma rağmen durmayı başaramıyordum. Korkudan kan ter içinde uyandım.

Gün bitmek bilmedi. Bir an önce eve gidip posta kutusuna bakmak için can atıyordum. Ama posta kutusu bomboştu. Büyük bir hayal kırıklığına uğramıştım.

Ne kadar sabırsızsın Camille'ciğim! Önceliği sen değilsin herhâlde.

Posta kutusu ertesi gün de boştu. Tekrar hayal kırıklığı.

Canım, daha kırk sekiz saat bile olmadı ki...

Üçüncü gün... Posta kutusu yine bomboştu!

Sabırsızlıktan ölmek üzereydim. Heyecanım hüsrana dönüşmüştü. Ne zaman başlayacaktım? Sekiz gün süren heyecanlı bekleyişten sonra dayanamayıp Claude'a telefon ettim. Asistanı, bütün sabırsızlıkları dindirmek üzere programlanmış zarif sesiyle cevap verdi:

"Bay Dupontel'in randevusu var, bütün gün dışarıda olacak. Kendisine bir mesaj bırakmak ister misiniz?"

"Eee, evet, teşekkür ederim. Programımın ne zaman başlayacağını öğrenmek istiyordum."

"Son görüşmenizde size bu konuda ne söylemişti?"

"Postayla gelecek talimatlarını beklememi söylemişti."

"O hâlde beklemekten başka yapacak bir şey yok. Hoşça kalın... Size harika bir gün dilerim."

O güzel sesi bu defa sinirimi tepeme çıkardı. Telefonu kapattığımda öfkeden kudurmuş bir hâldeydim, o kadar ki o an elime bir dergi geçse, bütün sayfalarını tek tek koparıp kâğıt topuna çevirebilirdim.

7

On bir günlük sabrın sonunda –nihayet!– nice zamandır beklediğim posta geldi. Biraz şişkince bir zarftı gelen. İçinde ne olduğunu anlamak için elimle yokladım.

Zarftan bir zincir çıktı. İlk bakışta anladım: Bu bir Charm takısıydı. Zincirin ucunda çok güzel, beyaz lotus çiçeği formunda bir kolye ucu asılıydı. Sabırsızlıkla dörde katlanmış kâğıdı açıp Claude'un el yazısıyla yazdığı notu okudum.

> Merhaba Camille,
>
> Kendi hayatınızı fethetme kararı almanıza çok memnun oldum! Size güveniyorum ve amacınıza ulaşmanız için şimdiden başarılar diliyorum. Hem hoş geldiniz demek hem de sizi yüreklendirmek için size bir beyaz lotus çiçeği Charm kolyesi hediye ediyorum. Süreç boyunca her önemli aşama kaydedişinizde, her "değişim kademesi" atlayışınızda farklı renkte bir lotus çiçeği kazanacaksınız. Aynı, Uzakdoğu sporlarında olduğu gibi her renk belli bir kademeye denk geliyor. Beyaz, birinci kademe; sırasıyla sarı, yeşil, mavi ve mor geliyor. Siyah lotus ise, değişimin en son kademesini simgeliyor. Siyah lotusu elde etmek, bütün hedeflerinizi gerçekleştirmiş olduğunuz anlamına geliyor.

Bu fikir beni baştan çıkarmıştı, kolyeyi parmaklarımın arasına alıp okşadım. Kaldığım yerden okumaya devam ettim:

Henüz fark etmemiş olsanız da öğreniminiz aslında birkaç gün önce başladı ve ilk dersinizi aldınız: Asla boş boş durup beklememelisiniz. Ne yapmanız gerektiğini söylemem için oturup benim talimatlarımı beklediniz. Oysa kendi başınıza da harekete geçebilirdiniz. Şunu asla unutmayın Camille: Hayatınızı değiştirecek yegâne insan sizsiniz. Bu eylemin kaynağı siz olmalısınız. Ben sadece rehber olabilirim ama hiçbir şeyi yerinize yapamam. Şu cümleyi bir kâğıda not edin ve her gün görebileceğiniz bir yere yapıştırın: "Kendi hayatımdan ve kendi mutluluğumdan sadece ben sorumluyum."

Şimdi, ilk görevinizi açıklıyorum: "Büyük Temizlik Operasyonu". Komple iç dış temizlik yapacaksınız. Ne demek istediğimi anlatayım: İç temizlikte söz konusu olan, ilişkilerinizde ve günlük yaşantınızda size zararı dokunan, içinizi zehirleyen ve sizi yıpratan şeyleri belirlemek. Ben bunu "kişisel ekoloji" olarak adlandırıyorum! Aynı zamanda evinizde de büyük bir dış temizlik yapmalısınız. Evinizdeki en az on gereksiz eşyayı atmanızı istiyorum. Eşyalarınızı ayıklayın, çekmecelerinizi düzenleyin, ev ortamınızı elinizden geldiğince iyileştirin. On beş gün süreniz var. Gelecek sefer bana evinizin fotoğraflarını getirmenizi istiyorum. Bu arada ihtiyacınız olursa, benimle telefon mesajı veya e-mail yoluyla iletişim kurabilirsiniz. Mesajlarınıza her zaman cevap vereceğim.

Kolaylıklar dilerim, görüşmek üzere!

Mektubu elimden düşürdüm. Ne program ama! Temizlik Canavarı'na dönüşme fikri hiç cazip gelmiyordu. Üstelik evin halini düşününce, katedecek çok yol vardı. Hem, nasıl ve ne zaman yapacaktım? Hiç zamanım yoktu ki buna! Yarı zamanlı çalıştığımdan, işe gitmediğim günleri telafi etmek için gece geç saatlere kadar çalışıyordum; sözüm ona boş günüm olan çarşamba günleri, Adrien'in okul dışı aktiviteleri ve doktor randevuları derken, tam bir maraton gibi geçiyordu. Claude küçük bir detayı atlamıştı: Ben ev kadını değildim! Ev dışında da sorumluluklarım vardı.

Hemen bir telefon mesajı atıp sıkıntımı belirttim:

Merhaba. Büyük Temizlik Operasyonu biraz zor görünüyor. Bunun için vakit bulmam imkânsız. Ne yapabilirim? Sevgiler, Camille.

Sabırsızlıkla cevabını bekledim. Çok sonra, günün ilerleyen saatlerinde bir e-mail gönderdi:

Sevgili Camille,

Problem olan zaman değil. Olsa olsa zihindir. Eğer zamanın bir problem olduğuna kendinizi ikna ederseniz, işte o zaman problem olur. Aksine bunun için gerekli zamanı yaratmayı başaracağınıza inanırsanız, eminim başarabilirsiniz. Deneyin. Göreceksiniz, beyniniz ona söylediğiniz şeye inanır. Hiç endişe etmeyin, çok yakında bu zihin ve olumlu düşünce konularını bolca ele alacağız. Şimdilik akşamları ve hafta sonları on beş dakika veya yarım saat ayırarak, görevinizi nasıl yerine getirebileceğinizi bir düşünün. Unutmayın: Enerji enerjiyi doğurur. İlk günler bu iş size çok zor gelse de zamanla daha kolay gelmeye başlayacak. Yaptıkça yapmak isteyeceksiniz! Kolay gelsin. Claude.

İçimden bir toz bezi Rambo'su çıkarıp kendimi ispatlamamı istiyor, öyle mi? Pekâlâ. Neler yapabileceğimi göstereceğim ona!

Daha o akşam, Adrien yatar yatmaz, ne kadar dağınıklık ve toz varsa hepsine karşı acımasız bir savaş başlattım. İş çıkışı eve dönerken, yoldan bir orduya yetecek kadar temizlik malzemesi ve onlarca battal boy çöp torbası almıştım. Artık beni kimse tutamazdı!

Ani temizlik hastalığımı, kocaman açılmış gözlerle izleyen Sebastien'in alaycı bakışlarında biraz da kuşku seziyordum. Umurumda bile değildi! Hiçbir şey bu temizlik kasırgasını durduramazdı! Yani... Koridordaki dolabın kapağını açtığım ana kadarki düşüncem buydu. Orada beni eğri büğrü olmuş hatta işkembesi delinmiş karton kutulardan sarkan dağ gibi kâğıt yığınları, en ucube bit pazarlarına layık, saymakla bitmeyecek bir sürü ıvır zıvır bekliyordu. Çoktan terkedilmiş bir oyuncak bebek, fosforlu bir bahçe feneri –ki bahçemiz yoktu–, iskambil kâğıdından şato gibi her an yıkılmaya hazır, dağ gibi giysi yığınları (fazla küçük, fazla büyük, fazla yıpranmış, sökülmüş, güve yemiş, tüylenmiş bir sürü giysi), satın alınıp asla kullanılmadan dolaba atılmış mini bir stepper'in arasına sıkıştırılmış badminton raketleri, ağzına kadar dolu anı kutuları, çoktan unutulmuş bir konserden kalan hatıra çakmak, açılmamış mektuplar, yüzünü bile hatırlamadığım insanlardan gelmiş, okunmuş mektuplar, sevdiğimiz ancak bunu onlara söylemeyi unuttuğumuz insanlardan gelmiş mektuplar, bir zamanlar pek popüler olan o ıvır zıvır mağazasından alınmış, üzerinde FIRT yazan bir paket mendil, nasıl olup da kendisine aşık olabildiğimi hâlâ merak ettiğim ilk sevgilimin fotoğrafı, liseden kalma bir not defteri, düğünümüzde dağıttığımız, yapış yapış olup erimesine rağmen yine de atmadığımız bir paket düğün şekeri...

Dolabı tamamen boşalttım ve evet, itiraf ediyorum: Bu toz içindeki dağ gibi eşya yığını karşısında cesaretimi yitirip her şeyden vazgeçmeyi düşündüm. Ama inanılmaz bir şey oldu, eşyaları bir bir elemeye başladığımda adeta zihnimdeki yaşam alanı da genişlemeye başlamıştı! Bu "arınma terapisi"-nin bana inanılmaz iyi geldiğini hissediyordum.

Böylece her akşam, dağınıklığın üstesinden ufak ufak gelmeye başladım. Koltuk arkalarındaki kötü sürprizler, bugüne kadar varlığını dahi hatırlamadığım ıvır zıvır, atmayı aklıma bile getirmediğim, sağda solda sürünen bir yığın gereksiz eşya... Her şeyi amansız bir takibe almıştım. Elveda asi tozlar, lavabodaki iğrenç kıllar, kireç tutmuş contalar! Hiç durmadan, canla başla savaştım ve sonuç son derece güzel oldu. Hafta sonu geldiğinde, ev neredeyse örnek bir daire gibi görünüyordu. Sevinçten ağzım kulaklarımdaydı.

Sébastien, "Durmak bilmiyorsun yahu!" diye takılıyordu hayranlığını gizleyemeyen hafif alaycı bir tonla.

"İyi oldu ama, değil mi?"

"Evet evet, iyi oldu. Aslında... Ne oldu da böyle birden bu işlere kalkıştın pek anlayamadım!"

Ne yani? Evde değişiklik yapacağıma dair iadeli taahhütlü mektup mu göndermem gerekiyordu? Aile içi mutluluk sanatında da mı işlemler ağır ilerliyordu? Değişime ilgisizliği sinirimi bozuyordu! O da bundan heyecan duysun hatta bana katılsın istiyordum. Neden evlilik hayatımızı uzaktan, seyirci gibi izliyordu? Onu sarsmak, bu uyuşukluğunun beni boğduğunu ve ona karşı olan duygularımı dalgaların falezleri aşındırması gibi aşındırdığını, acilen bir şeylerin değişmesi gerektiğini söylemek istiyordum.

Bir sonraki hafta sonu, evin iki erkeğini de eve şöyle yeni ve güzel bir hava vermek gerektiği konusunda ikna etmeyi başardım. Hep birlikte dekorasyon mağazasının yolunu tuttuk. Büyük Temizlik Operasyonu'mun son aşaması yani dekorasyon işi benim için pastanın kreması gibiydi. Ancak bu mutluluğu doya doya yaşayamayacağım hemen belli oldu.

Üçümüz de tamamen farklı amaçlarla gelmiştik. Ben her

rafın önünde ağır ağır oyalanarak evimize en uygun ürünü seçmeyi hayal ederken, Sébastien her ne gerekiyorsa bir an önce alıp çıkmak derdindeydi. Ona kalsa eline geçen ilk boya kutusu yeter de artardı bile. Sağ kolumda ceketim, sol kolumda Adrien, arkamda sabırsızlıkla iç çekip homurdanan Sébastien olduğu hâlde, raflar arasında dolaşıp ne var ne yok bakmaya çalıştım. Bütün uyarılarıma rağmen Adrien her gördüğü şeye elini atıyordu. Sıcaktan ve sinirden köpürmüş bir vaziyette, nihayet boyaların olduğu bölüme ulaştık. Ekibi canlandırmanın tam zamanıydı! Hoş çağrışımlı isimleri olan boya kutularının hayal güçlerini harekete geçireceğini ve odaları için renk seçerken nihayet biraz coşku göstereceklerini umuyordum.

Adrien hemen seçimini yaptı: "çimen yeşili". Futbol tutkusuna hayli uyan bir renk seçmişti. Sébastien bir türlü karar veremiyordu, en sonunda bıkıp "buzlu kahve" ve "saten helva" renklerinde karar kıldı. En azından seçtiği renkler benim için de uygundu.

Kasada beklemekten o kadar bunalmıştım ki her şeyi olduğu yerde bırakıp koşarak kaçmamak için kendimi zor tutuyordum. Açık olarak satılan vidalardan alan bir müşteri kasadaki kuyruğun ilerlemesini engelliyordu. Zira kimse vidanın fiyatını bilmiyordu. Anons yaparak hırdavat bölümünden bir satış elemanının kasaya gelmesini istediler. Büyük bir zevkle, kuyruğu tıkayan müşteriyi vidaları teker teker yutarken hayal etmeye başladım. Ama benden daha kötü kalpli olanlar da yok değildi hani. Sabırsızlıktan çatlamak üzere olan çocukları imrendirecek kahrolası şeyleri kasanın yanına, tam burunlarının dibine yerleştirmeyi akıl eden hain pazarlama elemanlarını kastediyorum elbette. Şekerlemeler, piller, el lambaları... Doğal olarak, Adrien sırf bir şey almış olmak için aldırmak istediği şeyin ne kadar gerekli olduğu konusunda beni ikna etmek amacıyla, bir saat dil döktü. Gittikçe daha fazla sinirlenmekle, Adrien'in ikna kabiliyetinin gücüyle gurur duymak arasında gidip geldim.

Sonunda ailenin huzurunu korumak adına, bir paket elmalı TikTak şeker almasına razı oldum.

Kollarını havaya kaldırıp, "*Yes!*" diye bağırdı.

Nihayet sıra bize geldi. Tıka basa dolu alışveriş çantaları, çıkış kapısı, temiz hava, otopark, kapanan bagaj kapısının sesi, radyonun sesini yükseltmemizi isteyen Adrien'in *I am The Voice* diye avaz avaz bağıran sesi, bizim sessizliğimiz...

Hafta sonunun geri kalan kısmı, naylon brandalar, rulo fırçalar, kilometrelerce kâğıt havlu, boya lekeleri içinde kalmış eski tişörtler, pizza partileri ve salonun ortasında kamp yapmakla geçti. Ancak ödülümüz görülmeye değerdi: Tertemiz, pırıl pırıl bir ev ve burnumuzda boya kokularıyla, her tarafımız ağrı sızı içinde ama mutlu olan biz. Evet, tek kelimeyle mutluyduk.

8

Hafta içinde, Claude'a evde yaptığım değişikliklerin fotoğraflarını gönderdim. Elde ettiğim sonuçtan dolayı beni tebrik ettiğini belirtti. Daha sonra, kendisinden bir sonraki aşamaya nasıl geçebileceğimi açıklayan bir e-mail aldım: Sıra iç temizliğe gelmişti. Bu aşama, çevremde ve insanlarla olan ilişkilerimde kirlilik yaratan şeyleri belirlememi ve onlardan kurtulmamı hedefliyordu.

> Hayat tıpkı bir sıcak hava balonu gibidir Camille. Eğer yükselmek istiyorsanız, ağırlık yapan her şeyi boşluğa bırakmanız gerekir.

Bunun mecazi anlamı bir yana, hayatımda artık istemediğim şeylerin her birini A4 boyutundaki bir kâğıda yazmamı istiyordu.

> Eğer sizin için uygunsa, sizi kâğıtlarınızla birlikte Çarşamba günü saat 14.00'te, 15'inci bölgedeki André Citroën Parkı'na bekliyorum. İyi akşamlar!

Kafasındaki fikir neydi acaba? Ne olursa olsun, denemeye değeceğinden emindim. Ama ara sıra, bütün bunlar beni nereye sürükleyecek diye merak etmiyor da değildim. Her şey çok çabuk ilerliyordu ve ben bazen midemde bir yumru hissediyordum. Eski sakin hayatımı, her türlü riskten uzak ve içinde yaprak kıpırdamayan hayatımı kaybettiğime pişman olur muydum acaba? Hayır. Kesinlikle hayır.

İlişiğe eklenmiş bir dosya ve bir dipnot içeren mesajı okumaya devam ettim:

> İlişikte size zihinsel yapınızı değişime hazırlamanıza yardımcı olacak ilginç bir şema gönderiyorum. **Kısır döngü ve erdemli döngü** hakkında bir şema bu. Nasıl buldunuz?

Mesaja eklenmiş dosyayı açtığımda iki grafik buldum:

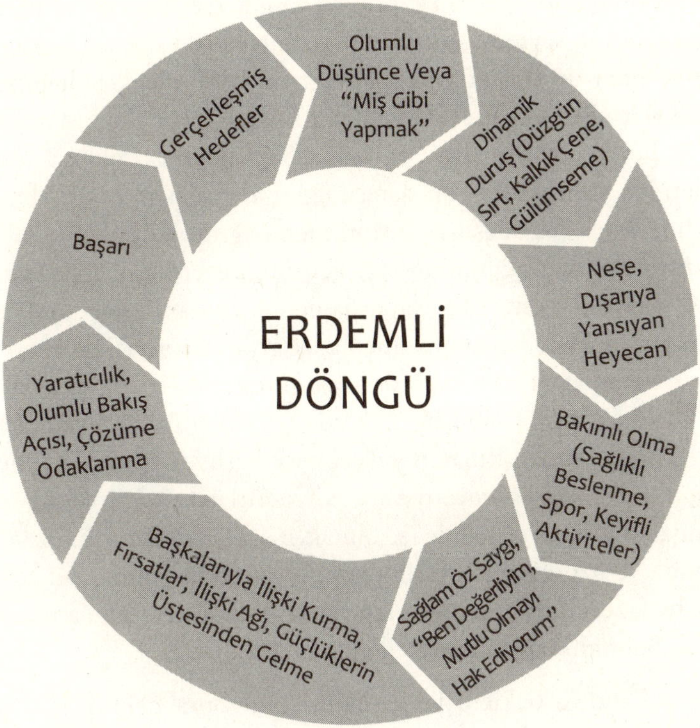

Bu pek manidar grafik üzerine derin düşüncelere daldım. Ana fikri anlıyordum. Bugüne kadarki pek çok tutumum kısır döngüye uyuyordu. Katetmem gereken yolu görmem için son derece iyi bir yöntemdi.

Çarşamba gelmek bilmedi. Claude'un benim için ne hazırlamış olabileceğini merak ederek, André Citroën Parkı'nda hızlı adımlarla ilerleyip randevumuzun olduğu devasa seranın önüne vardım. Paris'te yaşadığım hâlde, burada böyle bir bitki cenneti olduğunu bilmiyordum. Parkın içindeki yollardan hızlı adımlarla ilerlerken, ağzım bir karış açık, inanılmaz gürlükteki bitkileri, değişik şekillerde göz önüne serilmiş güzelim su yeşilliklerini, çeşitli egzotik ve nadide çiçekleri gözlerimle yutarcasına seyrediyordum. Bu gezinti hem ruhumu coşturmuş hem de doğanın yaşamımda ne denli eksik olduğunu hatırlatmıştı. İngiltere'de bulunan Exeter Tıp Fakültesi'nden Dr. Ian Alcock'un *Environmental Sciences & Technology* adlı dergide yayımlanan son derece ilginç makalesini hatırladım. Dr. Alcock makalesinde birbirinden bağımsız üç ayrı faktör üzerinden ruh sağlığının nasıl gelişim gösterdiğini açıklayan bir raporu inceliyordu. Raporda evlilik (memnuniyet grafiği çok yüksekten başlayıp zamanla aşağıya iniyordu), piyangodan para kazanmak (memnuniyet grafiği birden çılgınca fırlıyor, daha sonra sabit bir noktada devam ediyordu) ve doğa (grafik ilk andan itibaren yükselmeye başlıyor ve gitgide, hiç durmadan yükselmeye devam ediyordu) faktörleri ele alınmıştı. Sonuç: Doğayla iç içe olmak, insanlara günlük hayatlarında ve uzun vadede evlilik veya piyango kazanmaktan çok daha fazla zihinsel tatmin sağlıyordu. Kendimi kırlara atmam için bundan daha iyi bir neden olamazdı!

Claude'u beklemeye başladım. Az sonra belirdi. Uzun, ince fiziği, kendinden emin yürüyüşü ve her zamanki aşırılıktan uzak zarafetiyle... Ancak onun beni en çok etkileyen yanı, davetkâr ifadesinden okunan iyi niyet ve yalnızca ruhu aydınlık insanların sahip olabileceği ışık saçan bakışıydı.

Kendisinden etkilendiğimi yadsıyamazdım.

Sıcak bir şekilde el sıkıştık. Parkta yürürken nasıl olduğumu, neler yaptığımı sordu.

"Nereye gidiyoruz?"

"Oraya. Görüyor musunuz?"

"Oraya nereye? Çimlerin üzerine mi?"

"Hayır, çimlerin hemen ötesine."

Çimenlik alanın hemen ötesinde, devasa boyutlardaki sıcak hava balonundan başka bir şey yoktu. O an anladım.

"Bunu yapmayacağız, değil mi?!"

"Evet evet. Yapacağız." dedi gözlerinde afacan bir ışıltıyla. "Artık hayatınızda istemediğiniz şeyleri not ettiğiniz kâğıtları yanınıza aldınız, değil mi?"

"Evet. Hepsi burada."

"Harika. Gösterin bana."

Her bir kâğıdı büyük bir dikkatle okudu.

Artık herkese karşı fazla kibar olmak istemiyorum.

Artık başkaları memnun olsun diye daima her şeyi kabullenmek istemiyorum.

Artık pasifçe oturup isteklerimin kendiliğinden gerçekleşmesini beklemek istemiyorum.

Artık Adrien'le sürekli tartışmak istemiyorum.

Artık bir türlü veremediğim dört kiloyu taşımak istemiyorum.

Artık dış görünüşümü daha fazla ihmal etmek istemiyorum.

Artık evlilik hayatımı kendi halinde sürüklenmeye bırakmak istemiyorum.

Artık işim yüzünden mutsuz olmak istemiyorum.

Artık önemli kararlarımı annemin isteklerine göre vermek istemiyorum.

Artık hayallerimden vazgeçmek istemiyorum.

"Gayet iyi bir iş çıkarmışsınız. Bravo! Gökyüzüne yükselmeden önce, biraz el becerimizi çalıştıracağız. Size kâğıttan uçak yapmayı öğreteceğim."

Adam düpedüz deli olmalıydı! Ama gitgide daha fazla

hoşuma gitmeye başlıyordu. Her ne kadar tuhaf gelse de hiç itiraz etmeden dediğini yaptım.

"İşte oldu!" dedi bütün kâğıtları uçak yapıp bitirdiğimde. "Şimdi gerçek bir hava filosuna sahibiz. Gökyüzüne yükselebiliriz."

Korkudan ödüm patlayarak peşi sıra sepete bindim. Balon havalanmaya başladığında koluna sımsıkı yapışmıştım.

"Sakin olun Camille, her şey yolunda."

Kendimden o kadar utandım ki korkumu yenmek için doğruldum ve gözlerimi ufuk çizgisine diktim. Korkudan mideme kramplar girse de böyle bir deneyimden sonuna kadar faydalanmak için gözlerimi kocaman açtım. Kalp atışlarımın hızlandığını hissediyordum. Aynı zamanda vücudumun ne tepki vereceğini, başımın dönüp dönmeyeceğini de merak ediyordum.

"Tüm dikkatinizi hislerinize verin, olur mu? Daha sonra sizden hislerinizi anlatmanızı isteyeceğim."

Neredeyse sorunsuz geçen yükseliş süresince Claude'un kolunu bırakmadım. Nihayet başımın beklediğim kadar dönmediğini fark edince biraz şaşırdım. Boşluk hafifçe kendine çeker gibi oldu, ağzım kurudu, ellerim titredi ama tüm bunlara dayanmayı başarabildim.

Son derece çarpıcı bir deneyimdi bu, üstelik manzara nefes kesici güzellikteydi. O kadar ki gözlerim yaşardı. Her şey bir yana, şu an yapmakta olduğum şeyin bilincine varmaya başlamıştım. Yerden yüz elli metre yüksekliğe çıkıp korkularımı yenmeyi başarmıştım! İçim gururla doldu, yüzüme engel olamadığım kocaman bir gülümseme yayıldı.

"Çapalayın Camille, çapalayın!" diye fısıldadı Claude.

Ne demek istediğini anlamadığımı fark edince, bana

pozitif çapalama ilkesinin ne olduğunu açıklamaya başladı. Bu, mutlu olduğunuz bir anda hissettiğiniz fiziksel ve duygusal tatmini, arzu ettiğiniz her an tekrar yaşamanıza olanak sağlayan bir yöntemdi.

Öncelikle yapmam gereken, daha önce yaşamış olduğum yoğun bir mutluluk anını düşünüp, o ana çapa atmaktı. Sonra bu huzur ve mutluluk anını herhangi bir kelime, bir görüntü veya bir hareketle eşleştirmem gerekiyordu. Bugün burada, balonun içinde, sol elimin serçe parmağını bütün gücümle sıkmayı seçtim.

Daha sonra, biraz antrenmanla, ihtiyaç duyduğum her seferinde, seçtiğim hareketi tekrarlayarak çapalamamı harekete geçirip aynı olumlu duyguları tekrar yaşayabilecektim.

Doğru anladığımdan emin olmak için Claude'dan çapalamayı tekrar nasıl harekete geçirebileceğimi biraz daha açıklamasını istedim. Evet, doğru anlamıştım: Huzur ve güven duygusunu tekrar yaşamak için o anı ve o an hissettiğim yoğun duyguları hayalimde canlandırmam gerekiyordu. Bunun için tek başıma, sakin, sessiz ve konforlu bir yerde oturmalı, bedenimi serbest bırakmalı, gerekirse gözlerimi kapatarak konsantre olmalı ve seçtiğim özel anı, o an hissettiğim duyguları tekrar gözümde canlandırmalıydım. Tam bu esnada, bu anla eşleştirdiğim hareketi (sol elimin serçe parmağını bütün gücümle sıkmak) tekrarlayarak pozitif duyguların daha da yoğunlaşmasını sağlayabilirdim.

"Çapalamanın etkili olması için yöntemi sık sık tekrarlamalı, bir alışkanlık haline getirmelisiniz." diye devam etti Claude.

Henüz tam olarak ikna olmamıştım ama deneyeceğime söz verdim.

"Ağırlıklarınıza veda etmek için kâğıttan uçaklarınızı

balondan aşağı atmanın zamanı geldi!" dedi bu sefer. "Hareketin simgesel anlamı son derece önemli."

Claude'un onaylayan bakışları altında, tek tek bütün uçakları balondan aşağı bıraktım ve birden kendimi inanılmaz derecede rahatlamış hissettim. Hayatımdan çıkarmak istediğim her şeyi böyle fırlatıp atarak, değişim kararımı daha da perçinliyor ve henüz sonuçlarının nereye varacağını bilmediğim değişim sürecinin düğmesine basmış bulunuyordum. Kesin olan tek şey, bu noktadan sonra geri dönüşün mümkün olmadığıydı. Olacakları göze almaktan başka çarem yoktu! Şimdilik havada uçuşan kâğıttan uçaklarımı büyük bir zevkle seyrediyordum. Elveda bütün ağırlıklarım! Uçun!

Yeniden yere ayak bastığımızda Claude birlikte kahve içmeyi teklif etti.

"Söyleyin bakalım, kendinizle gurur duyuyor musunuz Camille?"

"Sanırım, evet..."

"Hayır, olmadı, daha güçlü bir şekilde söylemelisiniz!"

Daha inançlı bir ses tonuyla, "EVET! Kendimle gurur duyuyorum." diye haykırdım.

"İşte şimdi oldu." dedi bir yandan kahvesinin üzerine küçük bir demlikten sıcak su eklerken. "Kendinizi ifade etmeyi öğrenmenin en iyi yolu, kendinizin en iyi arkadaşı olmayı öğrenmekten geçer! Kendinize karşı sevecen ve anlayışlı olmalı, değer vermeli ve her fırsatta takdir etmelisiniz. Bana bunu yapacağınıza dair söz verir misiniz?"

"Deneyeceğim! Ama ya sonra kendini beğenmişin biri olup çıkarsam?" diyerek takıldım.

"Oraya kadar daha çok yolunuz var." diye yapıştırdı

cevabı. "Yeri gelmişken, gelecek hafta başında bütün iyi özelliklerinizin, bütün becerilerinizin ve hayatta bugüne kadar başarmış olduğunuz her şeyin bir listesini yapıp göndermenizi istiyorum sizden. Tamam mı?"

"Hepsi bu mu? Şaka bir yana, listenin fazla uzun olacağını zannetmiyorum!"

"Böyle konuşmaya devam ederseniz daha fazla ödev vereceğim, dikkat edin! Tamam haklısınız. İlk başlarda biraz zor olacak ama olumlu yönlerinizi bulmaya çalıştıkça beyniniz buna alışacak ve gittikçe daha kolay gelmeye başlayacak. Gerçekten doğruyu söylüyorum. Ah, size vermek istediğim bir şey vardı!"

Elini cebine atıp küçük bir kutu çıkardı. Uzaktan bakan birinin, kutudan bir yüzük çıkarıp bana evlenme teklif etmeye hazırlandığını zannedebileceğini düşündüm ve gülesim geldi ama çok da heyecanlanmıştım. Kutudaki yüzük değil, güzel bir sarı lotus çiçeğiydi. İkinci Charm kolyem. Bu, değişimin ilk aşamasını başardığıma inandığı anlamına geliyordu. İçimden yükselen ve yanaklarımın kızarmasına neden olan gurur duygusunu gizlemekte zorlandım. Gözlerim parıldayarak kendisine teşekkür ettim ve kolyeyi hemen zincire takıp beyaz lotus çiçeğinin yanına ekledim.

Claude'a gelen bir telefon, acilen gitmesini gerektirdi. Ayrılmadan önce elime bir kâğıt parçası tutuşturdu ve ardına bakmadan uzaklaştı. Tuhaf adam!

> "Her şey değişimdir. Bu, artık var olmamak değil, henüz olmadığın şeye dönüşmek içindir." Epiktetos.
>
> Bana olmak istediğiniz Camille'in portresini çizmeye ne dersiniz? Hoşça kalın, Claude.

9

Oluşum-aşamasındaki-Camille bu konuda fena tökezledi.

Claude benden bütün iyi özelliklerimin, becerilerimin ve bugüne kadar başardığım şeylerin listesini yapmamı istemişti. İzleyen günlerde, tüm boş vakitlerimi bir mağara araştırmacısı gibi içime bakıp, ruhumun bütün girinti ve çıkıntılarını ziyaret ederek, Claude'un istediği hammaddeleri gün ışığına çıkarmaya çalışarak geçirdim.

Bir ipin ucuna sımsıkı tutunmuş, hatıralarımın yarı aydınlığında, belleğimin dar kuyusundan aşağıya doğru inmeye çalışıyordum.

Olumlu deneyimler, kişisel özellikler... Başlarda tam bir kara delikti! Sonra yavaş yavaş yüzeye çıkıp şekle şemale bürünmeye başladılar. Bu çalışmada bana yardımcı olması için Claude'un gönderdiği özellikler listesini elimin altında tutuyor ve hangilerinin bana uygun olduğunu bulmaya çalışıyordum.

Açık görüşlü, adil, ağırbaşlı, akıllı, atılgan, azimli, bağımsız, bakımlı, cesur, cömert, çalışkan, çok yönlü, dakik, dayanıklı, dışa dönük, dinamik, dirayetli, dirençli, disiplinli, doğal, dolambaçsız, dürüst, düzenli, empati kurabilen, enerjik, esnek, gözlemci, güler yüzlü, güvenilir, hassas, hırslı, ihtiyatlı, iradeli, istikrarlı, iş bitirici, iyimser, kararlı, kibar, kontrollü, lider ruhlu, maceracı, motivasyonu yüksek, mücadeleci, neşeli, ölçülü, özgür, sabırlı, sadık, sağduyulu, sakin, samimi, savaşçı, sebatkâr, sorumluluk sahibi, sosyal, strateji sahibi, takım ruhu olan, toleranslı, uyumlu, uzlaşmacı, yaratıcı, yöntemli, vazgeçmeyen.

Güler yüzlü, evet. Hırslı, yeterince değil! Uyumlu, biraz fazla. Yaratıcı, bir zamanlar öyleydim. Hassas, evet benim. Çalışkan ve sorumluluk sahibi, olayların dayatmasıyla! Cömert, empati kurabilen... Oldukça... Evet.

Hayatta başarmış olduğum önemli işlere gelince... Oğlumun doğumunu saymazsak, pek önemli bir şey yoktu aslında. Güzel sanatlar dersinde 20 üzerinden 19 aldığım günü, hocamın beni büyük bir coşkuyla tebrik edip çok yetenekli olduğumu ve bu alanda devam etmem gerektiğini söyleyişini sayabilirim belki. O anı hâlâ büyük bir heyecanla hatırlıyordum. Evet, o an gerçekten kabul gördüğümü hissetmiştim. Bir de şu Ticaret Yüksek Okulu diplomamı aldığım gün vardı, anneme iyi haberi telefonda vermiştim. Ama o gün gerçekten sevinen ben miydim yoksa annem mi bilmiyordum. Bunu Claude'la konuşmalıydım.

Dönüşmek istediğim Camille'e gelince, şimdilik silik bir eskize benziyordu. Aklıma gelen bütün fikirleri uzun uzadıya yazdım, henüz her şey çok belli belirsiz olsa da sürecin başladığını ve er ya da geç her şeyin aydınlanacağını hissediyordum.

Ben bu derin kimlik arayışını sürdürürken, Claude da her gün, düzenli olarak, erdemli döngüye doğru yol almama yardımcı olacak fikir ve önerilerini göndermeye devam ediyordu.

Böylece bir sabah, uyanalı henüz on dakika olmuştu ki telefonumun mesaj sesini duyduğumda hiç şaşırmadım.

Günaydın Camille. Bugün, gününüzü hafiflik ve mizah ile renklendireceksiniz. Mizah ufak tefek sıkıntıları atlatmanın en kolay yoludur. Aynanın karşısına geçip yüzünüzü şekilden şekle sokun. Bu, hem moralinizi yükseltmek hem de kırışıklıkları engellemek için bire bir. Dilinizi çıkarıp sağa-sola oynatın, "hıaaaa" diye bağırın, mim sanatçısı Marceau'yu oynayın, yüzünüze üzgün ve neşeli ifadeler verin, sesli harfleri uzata uzata, yüksek sesle tekrar edin. İyi eğlenceler! Görüşürüz, Claude.

Gülümsedim. Bunu deneyebilirdim tabii ancak banyoya kapanıp palyaçoluk yapma fikri biraz tuhaf geliyordu. İlk başta öylesine, gönülsüzce başladım ama sonra yavaş yavaş açıldım ve kendimi tamamen oyuna kaptırıp büyük bir zevkle önerdiği hareketleri yapmaya başladım. Oğlum şaşkınlık içinde kapının aralığından beni seyrediyordu.

"Anne, ne yapıyorsun öyle?"

Hiç istifimi bozmadan, "Elmacık kemiği kası jimnastiği." diye cevap verdim.

Bir an şaşırmış gibi göründü ama neyse ki çocuklar en tuhaf fikirlere bile çok çabuk alışma yeteneğine sahip yaratıklar.

"Eğlenceli görünüyor, ben de deneyebilir miyim?" diye sordu. Bu arada yüzünde *Tüketici Haklarını Koruma Derneği* üyelerininkine benzer, son derece ciddi bir ifade vardı.

Yanıma, aynanın önüne gelmesini söyledim ve hemen baş döndürücü mimikler sergileyen bir ikili oluşturuverdik. Adrien inanılmaz yetenekliydi, hiç tereddütsüz en iyi palyaço dalında onur ödülünü hak ettiğini açıkladım. Onur ödülüne layık görülmekten o kadar gururlandı ki neşe içinde sohbet ederek birlikte kahvaltı ettik. Çok uzun zamandan sonra ilk defa böyle bir şey oluyordu.

Evet, Claude haklıydı. Güne biraz neşe ve hafiflikle başlamak insana gerçekten de çok iyi geliyordu!

Başka bir gün, beni **hayali fotoğraf makinesi** oyununu denemeye davet etti: **Algı filtremi** değiştirerek kendi gerçeğime farklı bir açıdan bakmamı sağlamak amacıyla icat ettiği bir egzersizdi bu.

"Dışarıya çıktığınızda, dikkatinizi tatsız, çirkin veya can sıkıcı şeyler yerine, hoş ve güzel şeylere odaklamayı denemenizi istiyorum. Yolda, toplu taşıma araçlarında, gezindiğiniz her yerde eğlenceli hayali fotoğraflar çekin."

Kısacası güzel olanı görmeyi öğrenmeliydim.

Gözlerimi dikip trafiğe, asık suratlı insanlara, avaz avaz ağlayan bebeklere bakmak yerine; kendimi gökyüzünün rengine, yuva kuran güzel bir kuşa, öpüşen aşık bir çifte, çocuğuna sarılan bir anneye, tanımadığı bir kadının valizini merdivenlerde taşımaya yardım eden bir adama bakarken buldum. Bu yeni bakış açısı beni son derece mutlu etmişti. Pozitif fotoğraflar koleksiyonum her geçen gün biraz daha çoğalıp, dünya hakkında yeni bir imaj edinmemi sağlayacak hayali bir fotoğraf albümüne dönüşüyordu.

10

Haftalar geçtikçe, akut rutinizm belirtilerimin yavaş ama emin adımlarla kaybolduklarını fark ettim ve yöntemin işe yaradığına gerçekten inanmaya başladım. En çok hoşuma giden öz/biçim yaklaşımıydı, yani özün (kim olduğum, gerçekte ne istediğim) biçim (yansıttığım imaj, dünyayla ve diğer insanlarla ilişkim) üzerinde etkili olmasıydı.

Kendi hakkınızdaki görüşünüz ne kadar olumluysa, dünya hakkındaki görüşünüzün de o kadar olumlu olduğunu siz de fark etmediniz mi? Maalesef bu konuda katedecek daha çok yolum vardı. Fazla kilolarım nedeniyle duyduğum kompleks yüzünden özgüvenim yerlerde sürünüyordu. Aynaya yansıyan görüntüme baktıkça moralim yerle bir oluyordu. Acımasız bir yargıç gibi bedenimi önden, arkadan, yanlardan inceliyor ve her tarafımdan sarkan fazlalıklara lanet ediyordum.

Ayakta dururken idare ederdi, pantolonumun düğmesini kapatmayı başarıyordum. Ancak oturmam gerekip de boğumlarım kıyafetlerimden kaçmaya yeltendiklerinde, suçluluk duygusu tavan yapıyordu.

Böyle durumlarda, "yıkayınca çekti" veya "model çok dar kesimli de ondan" gibi bahanelerle vicdanımı rahatlatmaya çalışıyordum. Oysa görünen köy kılavuz istemiyordu: Bel çevrem işgal altındaydı. Hem sonra, yerden elli metre yüksekte, balondan aşağı attığım o küçük kâğıt uçak da vardı işin içinde. Fazla kiloları artık istemediğimi kendi ellerimle yazmıştım kâğıda. Bunun bir yükümlülüğü vardı anlayacağınız!

Konuyu ele almak üzere Claude'dan randevu aldım.

On beş dakikalık beklemenin sonunda, bakışlarından hayli acelesi olduğu anlaşılan Claude belirdi kapıda.

"Ah, Camille, gelin... İyi misiniz? Girin. Üzgünüm, bugün size çok fazla zaman ayıramayacağım. İki randevu arası aldım sizi."

"İşlerinizin arasında bana zaman ayırdığınız için çok teşekkür ederim. Sadece kilo verme hedefimle ilgili olarak öğütlerinize ihtiyacım vardı."

Sözlerimi üstünkörü dinlerken, bir yandan da hararetle masasının üzerindeki dosyaları toparlıyordu. Dosyaları dolaba kaldırmak için ayağa kalkınca, yere bir kâğıt düşürdü. Yerimden kalkıp düşen kâğıdı elime aldım. Ne tuhaf... Sağında solunda bir sürü notlar ve rakamlar olan bir inşaat planıydı bu. Kâğıdı ona doğru uzattım. Sertçe elimden kapıp yarım ağız teşekkür etti. Keyfinin yerinde olduğu söylenemezdi.

"Claude iyi misiniz? Kafanızı meşgul eden bir şeyler var gibi bugün. Başka bir gün gelmemi ister misiniz?"

"Hayır hayır, her şey yolunda. Şu sıralar bir sürü dosyayla uğraşıyorum, biraz fazla yoğunum, hepsi bu." diye kibarca beni rahatlatmaya çalıştı.

Dosyaları dolaba gelişigüzel tıkıştırdı. Dosyaların bolluğu karşısında şaşırmıştım. O kadar müşterisinin olması mümkün müydü? Bu kadar çok mu rutinolog meraklısı vardı?

Geri gelip oturdu ve soğukkanlılığını korumaya çalışan kadınların elleriyle saçlarını düzeltmesi gibi istem dışı bir hareketle, kırlaşmış kısa sakalını okşadı.

"Tamam. Anladığım kadarıyla küçük bir zayıflama programına başlamaya hazırsınız, öyle mi? Harika. Hedefinize ulaşmanın tek yolu, çok iyi bir plan hazırlamaktan geçiyor. **SMART* tekniğini** biliyor musunuz?"

"Hayır, ben..."

"Hedefinizi belirlerken şu beş noktaya dikkat etmelisiniz: Hedef **Belirli** olmalı. **Ölçülebilir** olmalı ki burada başarı ölçünüz, dört kilo vermek olabilir. **Ulaşılabilir** olmalı; örneğin 'ulaşılması imkânsız yıldızı' hedeflemek yerine, gerçekleştirmesi daha kolay küçük küçük hedefler koyarak ilerlemelisiniz. **Gerçekçi** olmalı; yani motivasyonunuzu kaybetmemek için hedefinizin ne kadar yüksek olacağına kapasiteniz dahilinde kendiniz karar vermelisiniz ve **Sürelendirilmiş** olmalı; hedefinize ne kadar sürede ulaşacağınızı belirlemelisiniz."

O bana tekniğin detaylarını anlatırken, kendimi hedef heykeltıraşı Camille Claudel olarak hayal ettim. Elimde bir taşçı kalemiyle hedefime belirli bir şekil vermek için onu yontup biçtiğimi gözümde canlandırdım. Sonra derhal bu görüntüyü kovup gerçeğe odaklandım.

"Bütün bunlar size anlaşılır geliyor mu Camille?"

"Evet evet, kesinlikle..."

"O hâlde SMART hedefinizi yazmanız için size birkaç dakika veriyorum. Birazdan dönerim."

Gülümsedi ve kapıya yöneldi. Ben de ilk randevumuzda kullandığım o küçük yazı masasından kâğıt, kalem almak üzere ayağa kalktım. Kâğıtlar masanın üzerinde duruyordu ancak kalemler ortalıkta görünmüyordu. Elim doğal olarak çekmeceye gitti ve çekmecede çerçevelenmiş bir fotoğraf buldum. New York Central Park'ta çekilmiş bir fotoğraftı bu. İki

---

* İngilizce specific, measurable, attainable, realistic, time bounded kelimelerinin baş harflerinden oluşan kısaltmadır. *(ç.n.)*

erkek dostane bir tavırla objektife poz vermişti. İkisi arasındaki fark son derece çarpıcıydı: Birinden güven, güç ve başarı akarken; diğeri iri yarı bedenine rağmen son derece kırılgan görünüyordu. Görünüşte güçlü olsa da içi tam tersiymiş gibiydi. Gözlerinden üzüntü okunuyordu. Yüzü Claude'u andırıyordu ancak ondan en az yirmi kilo daha şişmandı! Kardeşi falan olabilir miydi acaba?

Koridordan gelen ayak seslerini duyup çekmeceyi aceleyle kapattım.

"Her şey yolunda mı Camille?"

"Ee... Evet, sadece kalem bulamadım."

"Benim kalemlerimden alabilirdiniz! Buyrun." diyerek bir tane uzattı.

Mırıldanarak teşekkür ettim, yersiz merakım yüzünden suçluluk duyuyordum. Bir yandan SMART hedefimi düşünürken, öte yandan fotoğraftaki adamın kim olabileceği aklımı kurcalıyordu. Bir ara Claude'a sormalıydım.

Yarım saat sonra, kolumun altında hedefim ve kemerimin altında kurtulmam gereken dört kilo ile Claude'un ofisinden çıktım.

O anda motivasyonum taş gibi sağlamken, tabiri caizse, bu işin tereyağından kıl çeker gibi kolay olacağını düşünüyordum. Mutfakta esecek soğuk savaş rüzgârlarını hiç hesaba katmamıştım oysaki.

11

Sonraki birkaç gün boyunca, aldığım kararları uygulamaya koymak için bütün cesaretimi toplamam gerekti.

Claude, "Rejim kelimesini telaffuz etmek bile kilo aldırır." diyerek uyarmıştı beni. "Kendinizi mutlu etmenin başka yollarını bulmalısınız."

Ya, ne demezsin! Bugüne kadar haşlanmış brokoli veya buharda pişmiş balık yiyerek mutlu olmayı başarmış herhangi biri varmış gibi!

"Baharatları deneyin Camille."

Neden olmasın? Sonuçta denemekten ne kaybederdim ki? Biraz olsun yemeklerin tadını ve askerlerin moralini artıracak bir baharat ordusu kurmak amacıyla sokağın köşesindeki süpermarkete derhal bir çıkarma yaptım. Sarımsak, kişniş, zerdeçal, köri, kırmızı biber, karabiber, gri biber, beyaz biber... Rengi ne olursa olsun, yeter ki tadı sarhoş etsin!

Yavan olan her şeyi düşman ilan etmiştim. Sıcak yemeklerimin soğuk savaşında, sağlıklı beslenmenin gizli silahlarını keşfediyordum. Kâğıtta pişirme kurnazlığı, yağı alınmış yoğurtlu sos stratejisi, beyaz etlerin ana öğünleri kahramanca desteklemesi...

Bütün mesele dayanabilmekteydi. Zira düşman dolapların içinde, gölgede siper olmuş fırsat kolluyordu! Çikolatalar sinsi sinsi zafer kazanmayı umuyorlardı. Bisküviler kakaolu minik ayaklarının üzerinde tepinerek sabırsızlıkla teslim olacağım anı bekliyordu.

Suç ortakları kimdi dersiniz? Tabii ki oğlum!

Çocuğun yeme zevkini, kendi sağlıklı beslenme kararlarımın sunağında kurban edemezdim ya! Ben işkence çekerek yeşil elmaları dişlerken, oğlumun masum bir zevkle yediği yasak ürünleri onun için almaya devam ediyordum.

Bu da stoacılık* değilse artık!

En zoru gündüz saatleri değildi. Hayır. En zoru akşam bastırırken ortaya çıkıyordu. Aperitif saati o kadar ısrarlı ve buyurgan çağırıyordu ki kalori bombaları tehlikesi o an doruğa ulaşıyordu. Günaha çağrının yaylım ateşi, bütün aklı başında kararlarımı yerle bir etmeye çalışıyordu. Peki ya o Makarna Sendromuna ne demeli? Stockholm Sendromuna benzeyen kötü etkisi, beni düşmana sempati duyup vicdanımla pazarlık etmeye yöneltiyordu: Offf, oğlanın tabağını bitirmesine yardım etmek için bir kaşıkçık...

Bu arada gösterdiğim yiğitliğin karşılığını almaya başlamıştım. Birkaç gün sonra vücudumda epey iyileşme fark ettim. İlk zafer işaretinden aldığım cesaretle, vücut hatları bilirkişilerinin az yağlı, az tuzlu ve az şekerliye övgü marşını içimden sessizce okuyarak savaşa devam ettim.

Ancak maalesef, tam zafer çanları çalmak üzereydi ki hiç hesaba katmadığım bir düşman atağa geçti: can sıkıntısı.

Bir süredir iş yerinde oldukça sakin bir dönem geçiriyorduk. Can sıkıntısından, herkes yeni gelen işi kapmak için

---

* Mutluluğun dış koşullara değil, insanın kendisine bağlı olduğunu iddia eden felsefi görüş. *(ç.n.)*

birbiriyle mücadele ediyordu ve tahmin edileceği üzere şefim işleri öncelikle tam zamanlı çalışanlara veriyordu. Böyle olunca, bir saat üç yüz altmış dakika sürüyordu. Hatta belki beş yüz dakika. Bazen bin dakika. Macellan vaat edilmiş topraklara ulaşmayı nasıl dört gözle beklemişse, ben de aynı sabırsızlıkla ikindi molasını bekler olmuştum. Kısacası sıkıntıdan patlıyordum.

Ve teslim olmak fikri içimi kemiriyordu. Bir kerecik rejimi unutsam... Sadece bugünlük... Kim bilecekti ki?

Abur cubur makinesine, o kalori deposu korkunç dükkâna yöneldim. Sadece küçük bir paket çikolata... Küçücük... Bunun neresi kötü? Tam makineye parayı atmak üzereydim ki cep telefonumun titreşimini hissettim. Claude'dan bir mesaj gelmişti. Bu mümkün müydü? Altıncı hissi mi vardı ne? İçimden lanet okudum.

Nasılsınız? Direnmeye devam ediyor musunuz?

Hiç gözümü kırpmadan yalan söyledim.

Elbette. Harika gidiyor. İyi günler. Cam.

"Nasıl olsa bilmeyecek, hiçbir şey bilmesine gerek yok." diye kendi kendime söylenerek parayı atmak için makineye yanaştım. Ama artık çok geçti. Her yanımda beni suçüstü yakalayan varlığını hissediyordum. Gözlerini dikmiş beni izliyordu adeta. Tıpkı George Orwell'ın romanındaki gibi, *Big brother is watching you!**. Rejimin *1984*'ünü yaşıyordum.

Böylece küçük kaçamağım daha başlamadan bitmiş oldu. Üzgün gözlerle makineye son bir bakış atıp ağır adımlarla yerime döndüm. Masamın çekmecesini açıp orada duran

* Büyük birader seni izliyor. *(ç.n.)*

badem paketini aldım. Beş tane yeme hakkım vardı, üzerine bir de elma... Tam da karıncalara layık bir ziyafet!

Ve birdenbire isyan bayrağını çektim. Onun o "sağlık-mutluluk" öğütleri birden fazla gelmeye başladı! Düpedüz kötü niyet kokan bir düşünce silsilesine girdim. '*Yok, asansöre binmek yerine merdiven çıkınmış. Yok, öğle tatilinde çıkıp biraz yürüyüş yapınmış. Yok, oturduğunuz yerde kalça kaslarınızı sıkılaştırabilirsinizmiş: Etrafa belli etmeden kaslarınızı sıkıp gevşetmeniz yeterliymiş. Metroyu beklerken sıkılıyor musunuz? Ayak uçlarınızla küçük hareketler yapabilirsinizmiş: O zaman, topuklarınızı yerden kaldırıp parmak uçlarınız üzerinde yükselip inin! Gelelim karın kaslarına, neden her kapıdan geçişinizde karnınızı içeri çekip bırakarak onları sıkılaştırmıyorsunuz? Kimsenin ruhu bile duymazmış!*'

Evet, biliyorum. Büyük ihtimalle direnme aşamasındaydım. Ama bütün gün burnunuza dayadıkları ve insanda oburca yeme arzusu uyandıran onca şeyi görüp de rejimden vazgeçmeyecek insan var mıdır acaba? Her neyse, bir an önce kendimi toparlasam iyi olacaktı zira "**Kararlılık Defterimi**" doldururken berbat bir başarısızlık hissi yaşamak istemiyordum. Evet, aldığım kararları sonuna kadar uygulamam ve asla pes etmemem için yine Claude'un bulduğu bir başka fikirdi bu da! Her taahhüdümün karşısında işaretlemem gereken iki şık vardı: "yaptım" veya "yapmadım". Doğal olarak, en son istediğim şey, bir gün kendimi onun karşısında bir sürü "yapmadım" şıkkı işaretlemiş olarak bulmaktı.

Düşüncelerimin arasında, sevgili iş arkadaşım (aslında sevmediğim) Franck'ın seslendiğini fark ettim:

"Her şey yolunda mı Camille? Tuhaf görünüyorsun."

"Şey, evet evet, her şey yolunda... Konsantre olmaya çalışıyorum, yok bir şey..."

"Hmmm... Sanki yumurtluyor gibi görünüyorsun da..."

Ha-ha-ha. Çok komik.

Popomu sıkılaştırdığımı söyleyecek değildim herhâlde! Zaten adam her an beni sinir etmek için bahane arayıp duruyordu.

"Yumurta demişken, kendi kafanın şekline baksan iyi olur."

Al işte! 1-1 berabere. Yanaklarının kızarmasına bakılırsa, hedefi on ikiden vurmuştum. Kırıcı sözlerimden gurur duyduğumu söyleyemem elbette ama o da kaşınmasaydı! Moralimi bozmak için hiçbir fırsatı kaçırmıyordu, ben de her an, şimdi nereden vuracak diye diken üstünde duruyordum. Claude'la bu konu hakkında da konuşmalıydım.

Sanki aramızda telepati varmış gibi tam o anda, bilgisayarıma düşen mesajı gördüm.

"Söyleyin bakalım, 'Vücudum Olmadan Asla' programınız nasıl gidiyor?"

"Fena sayılmaz. Bazen nefsim çok zorlanıyor..."

"Dayanıyor musunuz peki?"

"Evet."

"Harika! Bunu Pozitif Olaylar Defteri'ne not etmeyi unutmayın. Bundan daha önce bahsetmiş miydim?"

"Hayır, bahsetmediniz."

"Peki öyleyse. Kendinize küçük bir telefon rehberi alın ve büyük-küçük başarılarınızı, sevinçlerinizi alfabetik sırayla yazın. Böylece bir süre sonra büyük bir çapalama koleksiyonuna sahip olacaksınız! Öz saygınızı ve kişisel tatmin duygunuzu geliştirmek için muhteşem bir yöntem..."

Hemen cevap yazdım:

"İlginç! Tamam Claude, düşüneceğim."

Bilgisayarın kalem şeklindeki imleci hızlı hızlı hareket ediyordu, uzun bir cevap yazdığını anladım. Mesajı küçük gürültüyle aynı anda düştü.

"Bunun 'sözde kalmayacağı' konusunda size güveniyorum. Aldığınız her kararın bir önemi ve anlamı var. Pek çok insan mutlu bir hayat sürmek için ne yapması gerektiğini biliyor ama gerçekleştirmek için gerekli adımları atmıyor. Verilen kararları yerine getirmek her zaman kolay olmuyor. Tembellik, yorgunluk, bezginlik gibi düşmanlar her an tetikte bekliyor! Ama dayanın çünkü sonuç aldıkça çabalarınıza değdiğini göreceksiniz."

Kararlıydım, dayanacaktım.

12

Aynı gün iş çıkışı bir kitapçının önünden geçerken, aklıma telefon rehberi konusu geldi. Pozitif Olaylar Defteri fikri hoşuma gitmişti. Denemekten ne çıkardı? En kötü ihtimalle, akşamları televizyonun karşısında otururken bir meşguliyet olurdu.

Dükkâna girdim, her an elimin altında olması için hem cebe hem de çantaya kolayca sığacak boyutta, küçük bir telefon rehberi seçtim. Bomboş geçen günüm yüzünden kendimi son derece yorgun ve bitkin hissediyor, bir an önce eve gidip rahatlamak için can atıyordum.

Ev ortamı gerçeğini biraz çabuk unutmuştum.

Daha kapıdan girer girmez evde esen kurşun gibi ağır havayı hissettim. Adrien suratı beş karış asık, yarım ağızla "Merhaba" dedi. Adrien'i okul çıkışı alıp ev ödevlerine yardımcı olması için anlaştığım genç kızın da keyfinin yerinde olduğu söylenemezdi. Sağa sola saçılarak salondaki masanın üzerini savaş alanına döndürmüş kitap ve defterlere bakınca, esen soğuk rüzgarların nedenini tahmin etmekte zorlanmadım. Kaldı ki Charlotte beni görür görmez, oğlumun dikkat ve motivasyon eksikliğinden şikâyet etmeye başlamıştı. Durmadan kıpırdanıyor, yerli yersiz masadan kalkıyor, acıkıyor, susuyor, burnunu siliyor, tuvalete gidiyor; kısacası ödevlerini yapmamak için binbir bahane yaratıyordu. Bütün bunları anlatırken, sinirli sinirli kirpiklerini kırpıştırıp yüzünü memnuniyetsiz bir ifadeyle buruşturuyordu. Kendisine verdiği bu aydınlatıcı rapor için teşekkür ettikten sonra oğlanı bir kez daha uyarmak zorunda kaldığım için bıkkınlıkla iç çektim.

Eve gireli daha on beş dakika olmamasına rağmen sabır ölçeğimden on puan eksilmişti bile. Adrien inatla bütün suçu Charlotte'a atıyordu: Dersleri doğru düzgün anlatmayı bile bilmiyordu, hem zaten Charlotte'u sevmiyordu. Bahanelerinin beni ikna etmeye yetmediğini görünce, hemen taktik değiştirip bıkkınlık bahanesine sığındı. Bütün bunlar öğretmeninin suçuydu çünkü çok fazla ödev veriyordu!

Çocuğun ne kadar dolmuş olduğunu anlamam gerekirdi ama o an için hiç anlayacak durumda değildim zira ben de fazlasıyla doluydum. Hemen cezayı yapıştırdım: Akşam tablet yasaktı. Öfkeyle odasına kaçıp kapıyı arkasından çarparak kapattı. Ortamı sakinleştirip ödevlerinin başına geri gelmesini sağlamak için binbir cambazlık yapıp bir saat dil dökmek zorunda kaldım.

Sébastien geldiğinde, bir elimle akşam yemeğini hazırlamaya çalışırken; diğer elimde açık bir defter, Adrien'e lanet olası dersini ezberletmeye çalışıyordum. Sébastien dudaklarıma şöyle bir öpücük kondurup yüzüme bile bakmadan günümün iyi geçip geçmediğini sordu. Sanırım o an "Hayır berbattı, teşekkür ederim." diye cevap versem, ne dediğimi duymazdı.

Tepem atsa da önemsememeye çalıştım. Adrien dersini ezberlemekte zorlanıyordu. Kolay anlıyordu ama yöntemli çalışmak yerine daha çok, sezgileriyle ilerliyordu ve her hata yapışında sabrım biraz daha azalıyordu. Onun ortalamayla yetinmedeki bu rahatlığı, içimdeki mükemmeliyetçiyi fena hâlde yaralıyordu. Sébastien yakası açık gömleğinin yarısı pantolonundan dışarı sarkmış bir şekilde yatak odasından çıkıp banyoya yöneldi.

"İnanamıyorum! Nasıl bir dağınıklık bu böyle ya?" diye bağırmaya başladı daha banyoya girer girmez. "Burayı kim bu hâlde bıraktı?"

"Ben yapmadım!" diye cevapladı hemen Adrien.

Çocukların kendilerini savunma refleksiyle verdikleri klasik cevap. Kendimi müdahale etmek zorunda hissettim.

"Bırak. Benim dağınıklığımdır Séb. Kusura bakma, sabah gerçekten hiç vaktim olmadı."

Evin öte yanından ayı homurdanmasına benzer bir ses duyuldu. *Harika!*

Elinde dizüstü bilgisayarıyla salona geldi ve işte, yine sinirlendi.

"Koltuğun üstündeki kırıntılar ne böyle? Adrien! Sana kaç defa şu koltuğun üstünde bir şey yeme dedim!"

Elimdeki defteri ve tencereyi bırakıp yanına gittim. Alışkanlık haline getirdiği eve gergin dönmelerinden, mesafeli duruşundan bıkmış usanmıştım ancak her şeye rağmen ortamı sakinleştirmeye çalıştım.

"Bırak, ben temizlerim."

"Sorun değil. BEN temizlerim." diye cevapladı soğuk bir sesle.

Öfkem gitgide kabarıyordu.

Sinirle oflayıp puflayarak kırıntıları temizledikten sonra koltuğa yerleşip tek kişilik dünyasına, ekranına daldı.

Çoraplarını çıkarmıştı ve neden bilmiyorum, birbirine sürterek oynattığı çıplak ayak parmaklarını sehpanın üzerine koyup burnuma dayaması tepemi iyice attırdı. Benim kendisi gibi yayılıp biraz olsun dinlenme şansına erişmeden önce, ev işlerine karşı vermem gereken savaşı hiç umursamaması da olabilirdi beni çileden çıkaran. Çoğu zaman bunu görmezden gelmeye çalışsam da bu akşam yapamayacaktım. Bir şey söylemek zorundaydım.

"Rahatın yerinde mi? Varlığımla seni rahatsız etmiyorum ya?"

"Yine ne var?" diye sordu öfkeyle.

"Ne bileyim, ben... Biraz yardıma ihtiyacım olabilir mi acaba, hani örneğin..."

"Yine sitem..."

"Bak buna çok sinirleniyorum işte! Sitem falan ettiğim yok, sadece biraz ilgi bekliyorum senden!"

"Şimdi de bağırmaya mı başlıyorsun? Çok teşekkürler. İş dönüşü böyle karşılanmak çok hoş gerçekten! Peki ya sen? Eve geldiğimden beri biraz olsun ilgi gösterdin mi bana?"

"Bak işte bu harika! Oğlunla ilgilendiğim için suçlu mu oldum şimdi?"

"Ya, bak! Yine sitem ediyorsun işte!"

Havanın iyice gerildiğini fark eden Adrien kaçıp odasına kapandı. Ödev yapmaktan kurtulduğu için son derece memnun görünüyordu.

"Bu evde her şeyi tek başıma üstlenmekten bıktım artık!"

"Ah, tamam, anladım. Her zamanki kriz..."

"Her zamanki kriz mi? Oh ne rahat! İşten geliyorsun, kendi ufak meşguliyetlerinle uğraşıyorsun, internette arkadaşlarınla takılıyorsun..."

"Sen benim bütün gün iş yerinde eğlendiğimi zannediyorsun, değil mi? Bütün gün deli gibi çalıştım, peş peşe üç toplantı yaptım, üstelik..."

"Ya, öyle mi? Ben de bütün gün yattım, değil mi?"

"Evet, anladık, çalışıyorsun..." dedi küçümseyici bir tonla.

"Sesinin tonu ne öyle? Yarı zamanlı çalışmak, çalışmak sayılmıyor, değil mi?"

"Bunu söyleyen ben değilim, sensin!"

"Ama ima ettiğin tam da bu!" diye bağırdım daha fazla dayanamayarak. "Bıktım! Ne haliniz varsa görün, benden bu kadar, beni unutun!"

"Ya, git tabii! Başlamışken boşanalım da hatta! Zaten boşanmak için bahane aradığın o kadar belli ki!"

Sözleri son sürat geri dönen bir bumerang etkisi yaratmıştı. Paltomu kaptığım gibi, gözyaşları içinde kendimi dışarı atıp arkamdan kapıyı hızla çarptım.

13

Sokağa çıkınca başımı kaldırıp evin camlarına baktım. Oğlum camda durmuş bana bakıyordu. Yüzünde son derece üzgün bir ifadeyle, parmaklarını kalp şeklinde kavuşturup bana doğru uzattı. Bizim kavgamızdan kendisini sorumlu tutuyor olmalıydı. Onun bu hareketi içimi ısıttı. Sımsıcak, sevgi dolu bir gülümsemeyle karşılık verdim ve içimdeki fırtınanın dinmesini beklemek üzere oradan uzaklaştım.

Hiç kimseyle karşılaşmamayı umuyordum. Kimsenin beni böyle öfkeden gözü dönmüş hâlde görmesini istemiyordum. İçimden, "Böyle bir anda bile başkalarının senin hakkında ne düşüneceğini önemsemen ne tuhaf!" diye geçirdim. Yoldan geçen insanlarla göz göze gelmemeye çalışıyordum; kendimi allak bullak olmuş, paramparça dağılmış hissediyordum ve kimsenin yüzümdeki karmaşayı görmesini istemiyordum.

Bir süre amaçsızca yürüdükten sonra küçük bir parka vardım ve orada durup Claude'a telefon ettim.

"Claude? Ben Camille. Rahatsız ediyor muyum?" diye sordum burnumu çekerek. Ne kadar kötü durumda olduğumu söylememe gerek bile yoktu. Hemen anladı.

"Sébastien'le kavga ettik. Artık dayanamıyorum. Aramızda en ufak bir uyum kalmadı sanki."

Bir yandan olup biteni anlatırken, öte yandan da Claude'un dinleme kabiliyetinin bana ne kadar iyi geldiğini hissediyordum. İnsanın hayatında derdini böyle can kulağıyla dinleyen birinin olması büyük mutluluktu!

"Son zamanlarda benim ihtiyaçlarıma kesinlikle cevap vermiyor."

"Neye ihtiyacınız var?" diye sordu hemen.

"Bilmiyorum. Bana ilgi göstermesine, nazik davranmasına, sevgi göstermesine... Oysa eve geldiğinde aynı bir robot gibi davranıyor! Tek yaptığı, ona buna söylenmek ve bir an önce tek kişilik dünyasına gömülmek için bilgisayara koşmak. İnternette bulduğu görünmez arkadaşlarını bile kıskanıyorum bazen. Dünya yıkılsa umrunda değil. Bense akşam yemeği, Adrien, ödevler... Evde de deli gibi koşturmaya devam ediyorum. Haksızlık bu!"

"Sizi anlıyorum Camille."

"Bir de sürekli kendisini dinlemediğimden şikâyet ediyor. Ama bu doğru değil! Asıl o beni dinlemiyor! Daima her konuyu kendisine getiriyor, ağzımı bile açtırmıyor ki..."

Konuşurken sinir içinde, ıssız parkta bir aşağı bir yukarı yürüyordum.

"Ah! Biliyorum, 'sen-ben' oyunu. Çok kötü! Bu yüzden anlaşamıyorsunuz: tam bir sağırlar diyaloğu! Bir insanı gönülsüz dinlemek, dinlemek değildir. Birini gerçekten dinlemek, kendini onun yerine koyup ne yaşadığını ve ne hissettiğini anlamaya çalışmak, onunla empati kurmaktır. Gerçekten dinlemeyi bilen insan sayısı o kadar az ki inanamazsınız! Her zaman, 'Dinlemeyi bilen kişi dünyanın efendisidir.' derim ben. Tartışma anında söylenen şeylere birebir inanmak yerine, karşınızdakinin gerçek duygularını anlamak için satır aralarını okumayı öğrenmelisiniz. Sitemin ardında bir korku gizlidir belki, saldırganlığın ardında üzüntü veya kanamakta olan bir yara olabilir."

Sessizce sözlerini dinlemeye devam ederken, birden içimi bir ürperti kapladı; gerginliğim, soğuğu olduğundan daha şiddetli hissetmeme sebep oluyordu. Elimle paltomun eteklerini kavuşturmaya çalıştım.

"Söylediğiniz gibi iyi niyetle, gerçekten dinlemek mümkün değil ki onu! Böyle zamanlarda bana nasıl baktığını görmelisiniz! Onun beni artık sevmediğini düşünüyorum!"

"Hmmm... İlginç... Peki, 'o' demek yerine 'ben' demeye ne dersiniz?"

"..."

"Evet, ne dediğimi gayet iyi duydunuz."

"Ben... *Ben* kendimi sevmiyorum, öyle mi?"

"Evet Camille, öyle. Eşinizin davranışlarını kendi olumsuz düşüncelerinizin çarpıtıcı filtresinden bakarak değerlendirme eğilimindesiniz. Şu sıralar kendinizi pek sevmiyorsunuz çünkü birkaç kilo fazlanız ve bir-iki kırışığınız var diye artık güzel olmadığınızı düşünüyorsunuz. Farkında olmadan, sevilmeye değer olmama korkunuzu onun düşünceleriymiş gibi yansıtıyorsunuz. Ancak bu tür davranışlar, korktuğunuzun sonunda başınıza gelmesine sebep olabilir! Böylece kendi karanlık senaryonuzu gerçekleştirmiş olursunuz. Eşiniz sizi gerçekten sevmez ve arzulamaz olur."

Sözleri zihnimde yavaş yavaş yol alarak, adeta bir yudum soğuk su gibi yayılıp içimi serinletmişti ancak parka giren iki adam her şeyin bozulmasına neden oldu. Başlarını kapüşonlarıyla örtmüşlerdi. Kuşkulu gözlerle hareketlerini takip etmeye başladım. Huzursuzluğum ve Claude'un tavsiyelerini dinlemeye olan ihtiyacım yüzünden, gece vakti ıssız bir parkta dolaşmanın düşüncesizce bir davranış olabileceği aklıma gelmemişti. Hızlı adımlarla parkın kapısına doğru yürümeye başladım ancak dikkatleri üzerime çekmemek için kaçıyormuş gibi davranmak da istemiyordum. Birden omzumda bir el hissedip çığlığı bastım ve kendimi kurtarmak için hemen yan döndüm. Adamlardan biri bana doğru eğildi. Leş gibi esrar kokan bir gençti.

"Bunu düşürdünüz." dedi. Genellikle çantamın askısına bağladığım fuları bana doğru uzatıyordu.

"Ah... Teşekkür ederim." diye mırıldandım fuları koparırcasına elinden çekerek. Ardıma bile bakmadan derhal uzaklaştım.

Telefonun öbür ucundan Claude'un endişeli sesi duyuluyordu.

"Alo, Camille? Alo? Orada mısınız?"

Sokak lambalarıyla aydınlatılmış mahalleme geri döndüm. Konuşmaya devam edebilmek için kalp atışlarımın yavaşlamasını bekledim.

"Affedersiniz Claude, ufak bir terslik çıktı. Ne diyordunuz?"

Claude eşimle yaşadığımız tartışmanın nasıl işlediğini daha iyi anlatmak için **dramatik üçgen** ilkesinden bahsetti. Bizimki gibi negatif bir ilişki senaryosunda, taraflardan her birinin nasıl sırasıyla kurban, zalim ve kurtarıcı rolünü oynayabileceklerini açıkladı.

"Böyle bir tabloda herhangi bir çıkış yolu bulmak mümkün değil, ta ki oyundan çıkmadıkça! Sizin hikâyeniz şöyle: Eşiniz zalim rolünde çünkü her şeye söyleniyor; siz kurtarıcı rolündesiniz çünkü onun yerine kırıntıları temizlemeyi öneriyorsunuz; sonra kurban rolündesiniz, evde size yardımcı olmadığı için şikâyet ediyorsunuz; daha sonra zalim rolündesiniz, eşinizi eleştirmeye başlıyorsunuz; bu sefer eşiniz kurban rolünde, iş yerinde ne kadar yorucu bir gün geçirdiğini söylüyor vs. Her biriniz roller arasında dönüp duruyorsunuz, hal böyle olunca da hiçbir çıkış yolu bulunamıyor ve tartışma kaçınılmaz olarak çok büyük boyutlara ulaşıyor. Aslında bu dramatik üçgenden çıkmanın pek çok yolu var."

"Hemen söyleyin lütfen!"

"İlk önce, oyunu durdurmak için senaryonun bilincine varmak ve tekrar iletişime geçmeden önce, daha sakin ve uygun bir zamanı beklemek gerekiyor. Sonra isteklerinizi eşinize direkt olarak iletmek; onun sizin isteklerinizi açık bir şekilde, şifre çözücü kullanmadan anlamasını sağlamak için kendi ihtiyaçlarınızın ne olduğunu çok iyi belirlemeniz gerekiyor. Eğer beklentileriniz makul ise kabul etmemesi için hiçbir neden olmayacaktır."

"İlginç..."

Parmaklarımın donmasına aldırış etmemeye çalışarak telefonu kulağıma iyice yapıştırdım. Sonunda el değiştirip donmuş olan elimi ısıtmak amacıyla paltomun cebine soktum.

"Bir de, kendi sınırlarınızı belirleyip bunu çevrenizdekilere bildirmelisiniz." diye devam etti. "Kişilik yapınız sizi sürekli başkalarını mutlu etmek için çabalamaya yöneltiyor. İsteklerinizi göz ardı edip kendinizi başkalarının isteklerine uymaya zorluyorsunuz. Yapınız gereği diğerleriyle çok fazla empati kuruyorsunuz. Başkalarının mutluluğunu düşünmek tabii ki çok soylu bir davranış ancak **sağlıklı empatiyle sağlıksız empatiyi** karıştırmamak şartıyla! Sağlıksız empatide, kişi başkalarının sorunlarını kendine mâl ediyor, onların bütün olumsuz duygularını bir sünger gibi emerek kendisini kötü hissetmeye başlıyor! Sağlıklı empatide ise, kişi çevresindekilerin sorunlarını dinleyip neler yaşadıklarını anlayabilmekle birlikte, mutsuzluklarını kendisine de bulaştırmalarına izin vermiyor. Başkalarının sizi kendi dertlerinin içine çekmelerine engel olmak için koruyucu bir zırh kuşanmak şart. Aksi hâlde, bir süre sonra kendinizi 'kullanılmış' hissedip sinir krizleri yaşamanız çok doğal. Bugün yaşananlar tam da böyleydi değil mi?"

"Evet."

"Endişelenmeyin. Ancak artık bazı şeyleri yeniden gözden geçirmeniz gerekiyor. Fazla nazik olmaktan vazgeçin, duygularınızı olduğu gibi açığa vurmaktan çekinmeyin. Ve sonra, bakın bu çok önemli, zarflarınızı yeri geldikçe teker teker açın, bu akşam yaptığınız gibi her şeyi biriktirip sonunda düdüklü tencere gibi patlamayın."

"Zarf mı? Nasıl yani?"

"**Zarf açmak**, içinizdekileri yeri geldikçe karşınızdakine söylemek anlamına geliyor. Öfke ve kızgınlıklarınızı biriktirmek yerine, onları yeri ve zamanı geldikçe uygun bir şekilde dile getirmelisiniz."

"Anlıyorum."

"Eğer mesajlarınızı ona sakin ve iyi niyetli bir şekilde iletirseniz, eminim sizi dinleyecektir. Ve bir de, eşinizle birlikte, birbirinize öfkenizin kabarmaya başladığını belli etmek amacıyla kullanacağınız bir **kırmızı alarm** belirleyin."

"Kırmızı alarm mı?"

"Evet. Birbirinize kavganın yaklaştığını haber vermek için kullanacağınız bir işaret kararlaştırın. Eşim ve ben de bunu uyguluyoruz ve inanın işe yarıyor! Bir çeşit *dikkat dikkat* işareti. Aynı, arabalardaki dörtlü flaşörler gibi. Seçeceğiniz işaret, tehlikeli bir alanda yol aldığınızı haber vermek için yanıp sönen bir araba sinyali görevi görecek. Böylece birbirinizi karşılıklı uyarıp saldırganlığın şiddetinin artmasına engel olabileceksiniz."

Bip sesi. Bekleyen arama sinyali. Sébastien arıyor olmalıydı. Cevap vermeli miydim? Hemen cevaplamak yerine otomatik mesaj göndermeye karar verdim.

Telefondayım.

"Camille, orada mısınız?"

"Evet evet, bekleyen arama vardı ama önemli değil, sonra ararım."

"Arayan eşiniz miydi?"

"Evet. Ama rica ederim, siz devam edin. Tavsiyeleriniz benim için gerçekten çok önemli."

"Tamam Camille. Ama kısa keseceğim. Eve dönmenizin vakti geldi. Hem beni de şöminenin karşısında bekleyen bir gazete var!"

Onu ne kadar uzun süre meşgul ettiğimi hiç fark etmemiştim, birden kendimden utandım.

"Çok önemli bir şey daha var: Eleştirilerinizi saldırganlaşmadan dile getirmeyi öğrenmelisiniz. Cümlelerinize asla o öldürücü 'sen' kelimesi ile başlamayın. Ben buna **eleştiri makineli tüfeği** diyorum: Karşınızdakini çileden çıkarmak için bundan daha iyi bir şey olamaz! Söyleyeceklerinizi dile getirmek için **O.H.A.A.**'yı denemenizi öneririm."

"OHAA demenin saldırgan olmayan bir konuşma biçimi olduğunu bilmiyordum!"

"Yok, bunlar baş harfler: **O**, sadece canınızı sıkan

olaylardan bahsetmeniz için. **H**, **hislerinizi** dile getirmeniz için. İki **A** ise, **Anlaşma Alanı** yani iki tarafın da kazançlı çıkacağı bir çözüm önerisi için. Akşamki tartışmanızın senaryosuna uygulayacak olursak, şöyle bir şey elde ediyoruz: 'İşimin senin işinden önemsiz olduğunu ima ettiğinde (olay) üzüldüm, kendimi değersiz hissettim (hisleriniz), oysa senin beni desteklediğini ve benimle gurur duyduğunu bilmeye çok ihtiyacım var. Kuşkusuz, buna senin de ihtiyacın var. İkimiz de ailemizin mutluluğu için yaptığımız şeylerin değerini bildiğimizi ve birbirimizi ne kadar takdir ettiğimizi daha fazla belli edebiliriz diye düşünüyorum (ilişkileri her iki tarafın yararına, olumlu yönde düzeltme önerisi)'. Böylece bütün yanlış anlaşılmalar ortadan kalkmış olacaktır. Ne dersiniz?"

"Ah! Hiç fena sayılmaz. Ama bana biraz doğallıktan uzak geliyor bütün bunlar."

"Hangisi daha önemli? Doğal olmak mı yoksa tartışmayı önlemek mi?"

Güldüm.

"Tamam Claude, bütün bunların ardındaki amacı gayet iyi anladım. Peki akşamı telafi etmek için şu an ne yapabilirim? Ben evden çıkarken o kadar öfkeliydi ki... Hatta boşanmaktan bile bahsetti!"

"Aldırmayın, öfkeli olduğu için öyle konuşmuştur. Eğer siz barışmak için ona el uzatırsanız, eminim memnuniyetle kabul edecektir. Genellikle ilk adımı atmak çok kolaymış gibi görünür oysa buna cesaret eden çok az insan vardır. Etrafta çok sayıda boşanan çift olmasının nedeni de bu zaten. Yazık! Ufacık bir çabayla tekrar canlanıp alevlenebilecekken, boşu boşuna heba olmuş onca aşka acıyorum doğrusu! Günümüzün tüketim toplumunda, insanlar bir şeyleri tamir etmek yerine yenisini almayı tercih ediyorlar. '***Büyük mutluluklar gökten,***

küçük mutluluklar çabalamaktan gelir.' der bir Çin atasözü."

"Ah Claude! Bazen o kadar üzülüyorum ki... Evlenirken taktığım o beyaz duvak gitti de yerine simsiyah bir duvak geldi sanki."

"İşte yine tamamen zihninizin yarattığı bir düşünce. Kendi kendinize kötü bir film oynuyorsunuz. Her an, her şeyi değiştirmek sizin elinizde, unutmayın!"

"Nasıl?"

"Öncelikle, başladığımız şeyleri devam ettirerek: İyi olmaya, kendinizle ilgilenmeye özen göstererek, iyi ve güzel özelliklerinizi görmeye devam ederek, kendi değerlerinizin ve ihtiyaçlarınızın neler olduğunu keşfederek. Kısacası ışıldamak için kaynağınızı kendi içinizden alarak. Kendi mutluluğunuzun sorumluluğunu eşinizin omuzlarına yüklememelisiniz. Onun varlığı, sizin hayatınızda sadece pastadaki çilek olmalı."

Sébastien'in kafasını dağ gibi bir pastanın ortasında hayal ettim. Komik bir görüntüydü.

"Ondan çok fazla şey beklediğimi mi düşünüyorsunuz?"

"Bunun cevabını ben veremem. Ben sadece doğru mesafeden sevmeyi bilmek gerektiğini söylüyorum. Tıpkı bir lastik gibi, fazla gererseniz koparırsınız. Ne kadar gerebileceğinizi siz kendiniz bulacaksınız. Ayrıca geçmişle olan bağınızı sağlıklı biçimde analiz etmek de çok önemli."

"Yani?"

"Yani geçmişte, çocukluğunuzda yaşadığınız olayların bugünkü yaşamınız üzerinde ne gibi etkileri olduğunu anlamalısınız."

"Geçmişte yaşadığım bir şeyin bugünkü yaşantımı ne kadar etkileyebileceğini pek düşünmemiştim."

"Bilseniz aklınız hayaliniz dururdu! Bana babanızın, annenizi siz daha iki yaşına gelmeden terk ettiğini söylemiştiniz, öyle değil mi?"

"Evet, doğru."

"Bugünkü hayatınızda karşılaştığınız bazı durumların, geçmişteki yaralarınızı tekrar canlandırıp, olaylara –size rağmen– haddinden fazla duygusal yük yüklüyor olması pekâlâ mümkün. Buna **lastik** deniyor. Siz bunun bilincinde olmasanız da bu akşam eşinizi, sonunda patlayıp boşanmak istediğini söyletinceye kadar gerdiniz. Böylece hiç farkında olmadan, çocukluğunuzdan kalma bir korkuyu, o eski negatif şemayı tekrar etmiş oldunuz: sevdiğiniz adam tarafından terkedilmek."

"Böyle bakınca ne kadar korkunç! Şimdiye kadar hiç farkına varmamıştım."

Soğuktan donmaya başlamıştım. Hâlâ açık olan bir cafeye girip garsondan bir fincan sıcak çikolata istedim. Elimde tuttuğum telefon da bayağı ısınmıştı. Yarım saattir Claude'la telefondaydım ve o, koçluğuna ilk seferki gibi aynı şevkle devam ediyordu. Bütün bunları kesin o da yaşamıştı, başka türlü olması mümkün değildi. Sözlerinin kalbinden döküldüğü öylesine belliydi ki! Ve ben söylediklerinin tek bir kırıntısını dahi kaçırmak istemiyordum.

"Bilinçlenmek, sizi geçmişe bağlanıp kalmaya zorlayan **lastiklerden kurtulmak** için atacağınız en önemli adım olacak. Sonra kendinize güvenmek ve hayatınızı olumlu yönde değiştirmek konusundaki çalışmalarınıza devam ederek, geçmişin hayaletlerinden tamamen kurtulabilirsiniz. Siz artık, babanızın annenizi terk ettiği zamanki o çaresiz küçük kız çocuğu değilsiniz. Siz bugün, karşılaştığınız olaylara pekâlâ göğüs gerebilecek nitelikte, bağımsız, sorumluluk sahibi ve yetişkin bir insansınız. Yeri gelmişken, geçmişte korkmuş ve acı çekmiş yanınızı teselli etmek de çok önemli. Böylece bu parçanızla da barışmış olacaksınız!"

"İçimdeki küçük kız çocuğunu teselli etmek için ne yapmam lazım peki?" diye sordum dumanı tüten sıcak çikolatamı üflerken.

"Sessiz, sakin bir köşeye oturup onunla kendi çocuğunuzla konuşur gibi usul usul konuşabilirsiniz. Ona, onu sevdiğinizi, her zaman yanında olacağınızı ve size daima güvenebileceğini söyleyebilirsiniz. Ama çocukluk yaranızın tamamen iyileşmesini istiyorsanız eğer, bağışlama safhasından da geçmelisiniz."

"Nasıl yani?"

"Babanızı bağışlamalısınız."

"..."

Claude bunun biraz zor olacağını hissetmiş olacak ki beni çok da ürkütmemeye çalışarak devam etti:

"Zamanı geldiğinde bunu da yapacağınıza eminim, kendinizi hazır hissettiğinizde... Şimdilik, evliliğinize odaklanın, ilişkinizin lokomotifi siz olun ve kendinizi tamamen bu işe verin!"

"Böyle biraz başa dönmüş gibi olmadık mı? Neden hep ben çaba göstermek zorundayım? Neden o da biraz olsun çabalamıyor?"

"Çünkü ilişkinizi beslerseniz, ödülünü yüz kat fazlasıyla alırsınız! Aristoteles *'Başkalarına iyilik yapmak akıllıca bir bencilliktir.'* der. Hem unutmayın ki kişisel gelişim konusunda önde olan sizsiniz. Kendisine örnek olmalısınız. Bir de, inisiyatif almak sizin için daha kolay olabilir mi acaba? Siz, ateşi tekrar canlandıracak kıvılcımı çakmayı içgüdüsel olarak zaten biliyorsunuz. Ayrıca kabul edersiniz ki bu alışılmış o-ben kavgasına bir son vermek, bu son derece zararlı, çiftler arası 'kim kimden daha iyi' rekabetinden vazgeçmek gerekiyor. Öyle değil mi?"

"Evet, öyle..."

Haklıydı. Bin kere haklıydı.

"Şu an için, eşinizin ilişkinizde elinden gelenin en iyisini yaptığı prensibinden yola çıkın ve onun sizin beklentilerinizi karşılamadığını düşünüp hayal kırıklığı yaşamak yerine, yaptığı olumlu şeyleri görmeye çalışın. Ne ekerseniz onu biçersiniz. Bu eski atasözü inanın çok doğru. Eleştiri ekerseniz, hayal kırıklığı ve kin biçersiniz; sevgi ve takdir ekerseniz, minnet ve şefkat biçersiniz."

"Hmmm... Bunun ben de farkındayım aslında. Ama beni delirten başka bir şey daha var: onun o soğukluğu, duygularının üstüne atılmış ölü toprağı! Bense hâlâ derin duygular, romanlardaki gibi bir aşk hayal ediyorum!"

"O konuda da orta yolu bulmalısınız. Gerçeklikten uzak hayaller kurmamalı ancak heveslerinizi de göz ardı etmemelisiniz. İlişkinizi yeniden alevlendirmek istemekte haklısınız. Olmayacak beklentiler içine girmeden tabii ki! Eşinizin kişiliğini olduğu gibi kabul edip saygı göstermeli ve kendisinden size vermesine imkânı olmayan şeyler beklememelisiniz. Aşk çok özen gösterilmesi gereken ve sulandıkça büyüyüp serpilen bir bitki gibidir. Eşinizi iyi yaptığı şeyler için takdir edin, ona ne kadar minnettar hatta hayran olduğunuzu gösterin. O zaman nasıl değiştiğini ve her geçen gün nasıl da ışıl ışıl parıldadığını göreceksiniz. Sevildiğini hissettikçe, sizin sevgi isteğinize daha fazla karşılık verecektir. Gülümsemek, destek olmak, şefkat... Sevgilinizin toprağına katmanız gereken sadece bunlar!"

Tekrar bip sesi.

"Yine Sébastien arıyor."

"Haydi, cevap verin Camille, ne bekliyorsunuz?"

"Claude?"

"Evet?"

"Teşekkür ederim."

Eve girerken, barışmamıza biraz mizah katmak amacıyla kapının aralığından beyaz mendil salladım. Aradaki gerginliği hafifletmeye yetecek iki üç laf ettik. Sevecen bir öpücükle barış imzalandığını ilan ettik.

Hemen durumdan faydalanan Adrien, saklandığı yerden çıkıp boynumuza atıldı.

"Boşanmayacaksınız, değil mi?" diye sordu belli belirsiz bir endişeyle. Sébastien'le birbirimize baktık, ikimiz de diğerinin yüzünde bir güvence arar gibiydik. Ve orada... Evet yanılmıyordum... Gözlerinde... İçimi rahatlatan bir bağlılık ışıltısı gördüm.

"Tabii ki boşanmıyoruz!" diyerek sevgiyle Adrien'in saçlarını karıştırıp dağıttım.

"Anne ya!" diye itiraz edip saçlarını düzeltmeye çalıştı.

Bir süredir dış görüntüsüyle fazla ilgilenmeye başlamıştı. Binbir özenle ıslatıp jöleler sürdüğü saçlarına dokunanın vay haline! Barışmanın getirdiği sarhoşluk havasından faydalanıp hemen yapıştırdı küçük kurnaz:

"Ödevlerimin hepsini bitirdiğime göre biraz tabletle oynayabilir miyim anneciğim?"

İleride hangi mesleği seçeceğini bilmiyordum ama bunun için endişelenmeme hiç gerek yoktu! Herkesi istediği yöne çekmeyi öyle iyi biliyordu ki! Ona kızmak veya gönül alma çabalarına uzun süre direnmek imkânsızdı.

Adrien usta bir *oyuncu* ciddiyetiyle tabletine gömülmüşken, ben de Sébastien'le baş başa biraz zaman geçirmek istedim ancak hareketlerim biraz tutuk, zihnimse hâlâ kavganın etkisindeydi. O, birer kadeh beyaz şarap koymak için yerinden kalktığında, aşkımıza yeniden eski görkemini vermek için çok fazla çaba sarf etmem gerekeceğini düşünüyordum. Aşkımızın Versay Sarayı'nın ihtişamına kavuşması için katetmem gereken çok uzun bir yol vardı önümde.

Neyse ki söz konusu yol olduğunda, Claude'un onu aydınlatmayı çok iyi bildiğinden emindim.

14

Bir sonraki yaşam dersi için Claude bana Jardin d'Acclimation'da randevu vermişti. Buraya çok uzun süredir gelmemiştim. Atlıkarıncayı ve elma şekerlerini görünce, içimdeki çocuk heyecandan yerinde duramaz oldu. Çikolatalı halka tatlıları için ruhumu satmaya hazırdım ama Tanrı'ya şükür, Claude tam zamanında gelip beni şeytana uymaktan kurtardı. Öncelikle, Angelina'da bir çay içmeyi teklif etti. Kendimi şımartıp çayın yanında bir dilim limon yedim. Vitrindeki lezzetli pastalara karşı koymak için ne kadar stoacı olmak gerektiği göz önüne alınırsa, bunu belirtmeden geçemezdim. Sonra beni komik aynaların olduğu galeriye götürdü.

"Ne görüyorsunuz?"

"Korkunç! Kendimi görüyorum, çok daha şişman ve şekilsizim." diyerek kahkaha attım.

"Bu görüntü gerçek mi peki?"

"Neyse ki hayır! Bu kadar da şişman değilim."

"Gerçekte de 'o kadar da' şişman değilsiniz Camille. Çoğu zaman, gerçekleri değiştirip bozan olumsuz düşünceleriniz nedeniyle kendinizi bu aynalardaki gibi görüyorsunuz. Zihniniz size kötü bir oyun oynuyor. Çeşitli hikâyeler anlatıyor ve siz de bunlara inanıyorsunuz! Zihniniz kötü niyetli bir sihirbaz ancak siz ondan daha güçlü bir sihirbazsınız çünkü onu durdurma hatta istediğiniz gibi kullanma gücüne sahipsiniz! Gözlerimin içine bakın ve söyleyin lütfen... Düşüncelerinizin efendisi kim?"

"Bilmiyorum."

"Yo, hayır, biliyorsunuz."

"Ben miyim?"

"Elbette. Sadece ve sadece sizsiniz! Genelde kendimizi çok acımasızca yargılama hatasına düşüyoruz. Bugün dört kilo fazlanız var diye çok şişman olduğunuza inanıyorsunuz, bu sorun esasen kafanızda çok fazla yer işgal etmeye başladı. İnanın bana, dört kilo fazlası olmak, kesinlikle şişman olmak değil!"

Ofisinde bulduğum fotoğraftaki adamı hatırlayıp yan gözle süzdüm onu. Bir yakını mıydı acaba? Yoksa kendisi miydi? Sormaya cesaret edemiyordum. Sonunda konuyu dolaylı yoldan ele almayı denedim.

"Bu sorun hakkında bilgi sahibi olduğunuzu düşünüyorum."

Aniden yüzünde bir şaşkınlık ifadesi belirdi ve kaşları çatıldı. Cümlemden rahatsız olmuş gibiydi. Zaman kazanmaya çalışır gibi boğazını temizledi. Gözlerini uzaklara dikip kaçamak bir cevap verdi:

"Evet, doğru. Bu sorunu çok iyi biliyorum."

"Kendiniz de yaşadığınız için mi?"

Bakışlarından, sorularımla canını sıktığım belli oluyordu.

"Kim bilir? Ama buraya benden bahsetmek için gelmediğimizi hatırlatırım size."

Çok yazık, diye geçirdim içimden. Hayatı hakkında biraz daha bilgi sahibi olmak için ölüp bitiyordum ancak şimdilik daha fazla üstelememem gerektiğini seziyordum.

Beni galerideki ilk aynanın önüne götürdü. Normal bir aynaydı bu.

"Hadi bakalım, şimdi aynada kendinize iyice bakın ve söyleyin, vücudunuzun en çok neresini beğeniyorsunuz?"

Hoş bir yan aramak amacıyla aynadaki görüntümü incelemeye başladım.

"Sanırım gözlerimi beğeniyorum, hem rengi güzel hem de ışık saçıyorlar."

"Harika! Devam edin."

Kadınsı özelliklerimi ölçmek için bakışlarımı aşağıya doğru kaydırdım.

"Göğüs kısmım da fena sayılmaz diyebilirim. Dekolte güzel duruyor. Ayak bileklerimi de gayet güzel buluyorum. Bacaklarımın dizlerime kadar olan kısmı gayet ince ve hoş!"

"Harika Camille. Bundan böyle, bütün dikkatinizi kimsenin umurunda bile olmayan ufak tefek kusurlarınız yerine, vücudunuzun güzel bölgelerine yoğunlaştırıp, onları ön plana çıkarmanızı sağlayacak ne varsa yapmanızı istiyorum sizden. Çok da güzel olmadıkları hâlde, son derece çekici olan pek çok kadın var. Mesela çok yakışıklı adamların gönlünü fethetmeyi başaran Édith Piaf veya yuvarlak hatlarıyla meşhur Marilyn Monroe! Bu tür örnekleri aklınızdan çıkarmayın. Ama sizin de tahmin edeceğiniz gibi, asıl önemli olan, dışarıya ne yansıttığınız. En güzel kıyafet, özgüvendir. Işıldayın ve cazibenizin nelere kadir olduğunu görün! İçinizi güzelliklerle doldurdukça çekiciliğiniz artacak. İyilik ve sevecenlik en güzel mücevherden daha çok parıldar, inanın! İçinizde sahip olduğunuz hazineler, dışınıza da yansır."

Kendisinin de bütün bunları deneyimleyip deneyimlemediğini sormak istiyordum. Hayatının üzerinde henüz aralamaya cesaret edemediğim bir gizem perdesi vardı. Şakayla karışık cevap verdim:

"Bu söyledikleriniz biraz yoğurt reklamı gibi oldu ama ana fikri anladığımı zannediyorum."

"Her geçen gün, daha iyi bir insan olmak için çabalayın, etrafınıza olumlu sinyaller yayın, çok yakında nasıl başarılı olacağınızı göreceksiniz!"

"Peki ya başaramazsam Claude? Ya her şeye rağmen kendimi çirkin bulmaya devam edersem?"

"Şşşt, şşşt! **Sıçanlarınızı beslemekten vazgeçin**. Sıçanlarınız; bütün korkularınız, kompleksleriniz, yanlış inançlarınız ve kendine acındırmayı seven siyah civciv Calimero tarafınız. Farkında olmadan, bu kötü rolü oynamaya devam ederek ne yapmaya çalıştığınızı biliyor musunuz?"

"Hmm... Belki de çirkin olarak kalırsam fazla dikkat çekmem ve böylece kimseyi de hayal kırıklığına uğratmam. Veya hayal kırıklığına uğramam! Hem sonra, en azından kimse benden pek bir şey ummuyor, bu açıdan rahatım yani!"

"Peki, dikkat çekmenin nesi kötü sizce?"

"Dikkatleri üzerine çekmek demek, aynı zamanda yorumları ve eleştirileri de çekmek demek oluyor ve bu da incinme tehlikesini beraberinde getiriyor."

"Evet, fakat insanlar sizi ancak yaralanabilir olduğunuzda yaralayabilirler. Kendinize olan güveniniz arttıkça, dışarıdan gelen okların sizi yaralaması imkânsız hale gelecektir. Özgüveninizi sağlamlaştırıp kendinize, kişiliğinize ve öz değerlerinize tamamen uygun bir yaşam kurduğunuzda, hayata daha olumlu bakmaya başlayacak ve bunun getirdiği güçle, daha serinkanlı ve korkularından arınmış bir insan olacaksınız. Kendi kendinizle ve evrenle uyum içinde yaşamaya başlayacak, 'hizalanacaksınız.'"

"Böyle anlatınca, insan gerçekten istiyor. Umarım o büyük gün bir an önce gelir."

"Bu sadece size bağlı Camille."

"Peki ama görüntümü değiştirmek için..."

Claude beni zayıf gösteren bir aynanın karşısına götürdü.

"Her şeyden önce, her sabah aynanın karşısında kendinize olumsuz şeyler söylemekten vazgeçip **olumlu sözler sarf edeceksiniz**. Kendinize, ne kadar güzel ve çekici olduğunuzu, hatlarınızı ne kadar beğendiğinizi, gözlerinizin ne kadar hoş, göğüslerinizin ne kadar güzel olduğunu ve sizin elini attığı her işi başarıyla sonuçlandıran olağanüstü bir kadın olduğunuzu tekrar edeceksiniz."

"Biraz fazla olmadı mı?"

"Az bile!" diye cevapladı muzip bir tavırla. "Sonra **örnekleme sanatını** da öğrenmeniz gerekiyor."

"Yani?"

"En çok hayran olduğunuz kadın kim ve neden ona hayranlık duyuyorsunuz?"

"Hımmm... Catherine Deneuve'e bayılıyorum, bana çok çekici geliyor!"

"Peki. O hâlde Catherine Deneuve'ü, onun davranışlarını, gülüşünü, yürüyüşünü inceleyin. Çalışın bunları. Gözlerinizi kapatın. Şu anda Catherine Deneuve olduğunuzu ve sokakta yürüdüğünüzü hayal edin. Kendinizi nasıl hissediyorsunuz?"

"Çok güzel, kendinden emin, ağırbaşlı."

"Sokaktaki insanların tepkisi ne?"

"Bana bakıyorlar, gözlerinde hayranlık görüyorum."

"Bu duygu hoşunuza gidiyor mu?"

"Evet, çok!"

"Harika! Şu anki hislerinizi kaydedin ve yeri geldiğinde denemekten çekinmeyin. Kendinizi örnek aldığınız bir insanın yerine koyun!"

"Tamam. Deneyeceğim. Eğlenceli olabilir."

"Ve madem örnekten bahsediyoruz, size ilham veren kişiler hakkında düşünmenizi istiyorum. En çok hayranlık duyduğunuz kişiler kim? Başarıları neler? Biyografilerini okuyun, hayatlarını öğrenin. Bana onların fotoğraflarından güzel bir tablo oluşturun. On beş gün içerisinde hazırlayabilir misiniz?"

"Denerim."

Doğruyu söylemek gerekirse, kendimi öğretmeni çok fazla ev ödevi vermiş bir öğrenci gibi hissediyordum. Ama Claude beni, "İçinizdeki küçük canavarlar her an pusuda bekliyor." diye uyarmıştı: tembellik, bezginlik... Her ne kadar değişim fazla hızlı ve yoğun gelse de ve ben henüz "yeni ben"ime pek alışamasam da pes etmemeliydim.

15

Eve geldiğimde yorgunluktan ölmek üzereydim. Kafamın içinde binbir düşünce geziniyordu. Bu kadar az zamanda ne çok şey değişmişti! Rahatlamak için sıcak bir banyoya ihtiyacım vardı. Küveti doldurup içine bir ton köpük ekledim ve kendimi, tenimi yakan sıcak suyun içine bıraktım. Küçükken yaptığım gibi köpüklerle oynamak, çocukluğuma dönmek çok iyi gelmişti.

Banyodan çıkmak için acele etmeme gerek yoktu. Önceki akşam, oturup televizyon izlemek yerine mutfağa girip akşam için yemek pişirmiştim. Masayı kurmaktan başka yapacak bir işim yoktu.

Yemek boyunca herkesin ağzından yemeğe bayıldıklarını belli eden tuhaf sesler çıkıyordu. Gerçekten de güzel olmuştu.

“Harika olmuş anne! Bence kesinlikle televizyondaki yarışmalara katılabilirsin!”

Keçi peyniri ve zeytinlerin altına sakladığım kabak ve tofuyla yapılmış turtadan, oğlumun üçüncü defa aldığını görünce bıyık altından gülümsedim.

Kabak yedi... Kabak yedi....

Kesinlikle her günkü dondurulmuş yiyeceklerden çok daha iyiydi.

Akşam yemeklerinden sonra Adrien çoğu zaman kendisiyle oyun oynamamı isterdi ve ben de her seferinde bunun için fazla yorgun olurdum. Hem sonra, oyun yaşım da geçmemiş miydi? Bu sefer reddetmeyip teklifini kabul ettiğimde, çocuğun ağzı resmen bir karış açık kaldı. O an gözlerinde parlayan, çocuklara özgü sevinç ışığını görünce en ufak bir tereddüdüm kalmadı.

Bunu bana Claude önermişti. Sürekli yetişkin gibi davranmaktan vazgeçmemi ve oğlumla daha fazla şey paylaşmak için kendimi biraz koyvermeyi öğrenmem gerektiğini söylemişti. "*İşin sırrı, sadece katılmak.*" demişti hınzırca göz kırparak. Ve işte, kendimi bir anda tam bir *oyuncu* modunda, tekrar içimdeki çocuğa –yine Claude'un deyişiyle, sorumluluk sahibi yetişkin tarafımın sürekli baskıladığı o yaratıcı ve oyuncu tarafıma– bağlanmaya çalışırken bulmuştum. Hiç ummadığım bir şekilde eğleniyordum. Ve oğlumun yüzündeki mutluluk bütün ödüllere bedeldi. İlgi ve oyun ihtiyacı bu şekilde giderilince, yatma vakti geldiğinde hiç sorun çıkarmadan yatağa gitti. Bu çok büyük bir mutluluktu!

Salona geri döndüğümde, Sébastien koltukta yanına sokulmamı istedi.

"Hayır, şu an mümkün değil." diye nazikçe cevap verdim. "Biraz işim var."

Şaşırmış hatta biraz afallamış görünüyordu. Doğruyu söylemek gerekirse, genellikle sevgi dilenen ben olurdum. İlk kez roller değişmişti. Artık lastiği uygun mesafede tutmayı öğrenmiş olabilir miydim?

Dizüstü bilgisayarımı, kâğıt ve kalemlerimi alıp salondaki masaya yerleştim. İşe önce en kolay olanından başladım: Kendime örnek aldığım kişilerin listesini çıkardım.

Aklıma geleni olduğu gibi yazmaya başladım:

Gandi'nin bilgeliğine, Buda'nın sükûnetine, Audrey Hepburn'ün asaletine, Rockefeller'in ticaret anlayışına, Rahibe Teresa'nın iradesi ve özverisine, Martin Luther King'in cesaretine, Rouletabille'in becerikliliğine, Picasso'nun dehasına, Steve Jobs'un yaratıcılığına, Da Vinci'nin ileri görüşlülüğüne, Chaplin'in duyarlılığına ve son olarak da büyükbabamın rahatlığına ve mizah anlayışına sahip olmak isterdim!

Yaptığım beyin fırtınasından son derece memnun, örnek almak istediğim kişilerden bir tablo oluşturmak amacıyla bilgisayardan bütün bu insanların fotoğraflarını bulup yazdırdım. Egzersiz hiç tahmin edemeyeceğim kadar iyi gelmişti. Gördüğüm bu yüzler bana ilham ve enerji veriyordu. Fotoğraflara bakarken bir yandan da onların yeteneklerinin sırrını keşfetmeye ve başarılarından esinlenmeye çalışıyordum. Bu küçük egzersiz aynı zamanda, kendime ait bazı değerleri gün ışığına çıkarıp olmak istediğim kişi hakkında daha net bir görüşe sahip olmamı sağlamıştı.

Örnek aldığım kişiler tablosu gerçekten güzel olmuştu. Tabloyu çalışma masamın yakınına, güzel bir yere asmaya karar verdim. Daha sonra araştırmalarımı en çok sevdiğim branşa yani modaya yönelttim. Ünlü modacıların ve en beğendiğim modacı olan Jean-Paul Gaultier'nin biyografilerini inceledim.

Wikipedia sayfasının giriş kısmını yutarcasına okudum:

On beş yaşında, bir çocuk giysileri koleksiyonunun taslaklarını çizerek başladı. Jacques Becker'in Falbalas adlı filminde kullanılan ve Marcel Rochas tarafından tasarlanan kostümleri gördükten sonra modayı meslek olarak seçmeye karar verdi. Yves Saint Laurent'a çizimlerini gönderdi ancak başvurusu kabul edilmedi. Daha sonra, aynı çizimleri Pierre Cardin'e ulaştırdı. On sekiz yaşına bastığı gün Pierre Cardin moda evinde işe başladı. Burada bir yıldan az bir süre çalıştıktan sonra "kaçık" modacı Jacques Esterel'le çalışmaya başladı. Ve sonra, 1971 yılında Jean Patou'nun ekibine dahil oldu.

Nasıl olur da böyle bir dahi, kariyerinin başında Yves Saint Laurent tarafından reddedilebilirdi? İnanılır gibi değil! Bu, bana büyükbabamın sebat etmekle ilgili sık sık anlattığı bir hikâyeyi hatırlattı:

"Yoksul bir ailede dünyaya gelen ve hayatı boyunca büyük yenilgiler yaşayan bu adamın kim olduğunu biliyor musun? Pek çok kere pes edebilirdi, pes etmek için binlerce gerekçe bulabilirdi ama bunu yapmadı. Hep bir şampiyon gibi davrandı ve sonunda gerçek bir şampiyona dönüştü. Gerçek bir şampiyon asla pes etmez! Daha küçük bir çocukken evden kovuldu. Annesini kaybetti. İlk iflasını yaşadı. Genel seçimlerde yenilgiye uğradı. İşini kaybetti. İkinci kez iflas etti ve tam on yedi yıl boyunca borç ödedi. Nişanlısı öldü. Çok ağır bir depresyon geçirdi. Illinois Eyaleti Temsilciler Meclisi Başkanlığı seçimini kaybetti. Amerika Birleşik Devletleri Kongresi'ne seçildi ancak ikinci defa aday olduğunda seçilemedi. Doğduğu eyaletin kamu arazileri başkanlığına memuriyet için başvurdu ancak kabul edilmedi. Amerika Birleşik Devletleri Senatosu'na aday oldu ve seçimleri kaybetti. Partisinin ulusal kurultayı sırasında Başkan Yardımcılığı'na adaylığını koydu ve yüz oy bile alamadı. İkinci kez Senato üyeliğine aday oldu ve yine kaybetti. Bu adam Camille, Amerika Birleşik Devletleri Başkanı Abraham Lincoln!"

Hikâyenin sonuna geldiğinde, her seferinde dudaklarında bir gülümseme beliriyordu.

Peki ya ben, hayatım boyunca sebat etmeyi bilmiş miydim yoksa hayallerimden biraz çabuk mu vazgeçmiştim? Düşününce canım sıkıldı. Somurtarak, koridorun sonundaki dolaba gidip bir resim dosyası çıkardım. Sessizce eski zamanlardan kalma çizimlerime tek tek baktım. Çizgilerin rahatlığını fark edince ağzım beş karış açıldı. Kalemim ne kadar da iyiymiş o zamanlar! Ticaret okumayıp da resim bölümüne yazılsaydım bugün belki bir yerlere gelmiş olurdum. Ama artık çok geçti. Akademik çizimden çok uzaktım; daha çok, sıradan çocuk giysilerini kafamda yeniden tasarlamakla meşguldüm. Onlara kumaşlar, aksesuarlar, motifler ekleyerek yadsınamaz bir özgünlük katmayı hayal ediyordum.

"Vay! Şimdi de kafanı bu tozlu şeylerin içine mi soktun? Ah geçmiş ah!" diye takıldı koridordan geçen Sébastien.

Kendisine öfkeli bir bakış fırlattım.

Gelip yanağımdan öptü. "Affedersin! Şaka yapıyordum!" dedi. "Çizimlerin gerçekten çok güzel. Yatağa geliyor musun?"

"Hayır, yatmayacağım. Biraz daha kalıp bunlara bakacağım."

Parmak ucuyla hayallerimi okşar gibi resim kâğıtlarını okşadım. Peki ya bu eski hayali, yeniden canlandırmaya karar versem ne olurdu? Sébastien beni anlayabilir miydi?

Benimle değişim trenine binmeyi kabul eder miydi yoksa peronda kalmayı mı tercih ederdi? Bu soru kafamı çok meşgul ediyordu.

16

Sébastien ile ilişkimizin gidişatıyla ilgili endişelerimi Claude'a açtım. Claude, hayatımı böyle baştan sona sorgulamamın eşimin dengesini ne kadar bozabileceğini görmemi sağladı. Yaşadığım değişimler mutlaka onu da derinden etkiliyordu. Alışması için zamana ihtiyacı olduğunu kabul etmeliydim. Sonuçta ona kendi devrimimi dayatan bendim, kendisi hiçbir şey istememişti! Hem sonra, böyle bir değişim sürecinin ister istemez ikimizde de çeşitli tepkilere yol açması normaldi: direnme, bir-adım-ileri-iki-adım-geri-gitme halleri...

Aslında çifte korku yaşıyordum, hem Sébastien'in benim meslek değiştirme planlarımı desteklememe korkusu hem ilişkimizi düzeltememe korkusu...

"Öncelikle eşinizi hâlâ sevip sevmediğinize karar vermelisiniz." dedi Claude.

"Tabii ki seviyorum. Her ne kadar bazen şüphe etsem de..."

"Çoğu zaman, sevmediğimiz öteki değil zaten, ilişkimizin aldığı biçim. Oysa bir ilişkide her iki taraf da iletişimin kalitesinden eşit derecede sorumludur. Ateşi yeniden alevlendirmek istiyorsanız, kıvılcım çakmalısınız! Sürekli karşı tarafın inisiyatif almasını beklemeyin. Daha önce de konuştuk bunları."

"Evet ama nasıl?"

"Örneğin **aşk konusunda yaratıcılığınızı** geliştirerek..."

"Çok hoş! Nasıl yapacağım peki?"

"Başlangıç olarak, versiyon 3.0 bir aşk mesajı gönderebilirsiniz."

"3.0 mı? O da ne?"

"Herkesin birbiriyle semboller ve kısaltmalarla yazıştığı bu çağda siz tam tersini yapıp, ona yaratıcı ve düzgün kelimelerle yazılmış ve hatta en güzeli, imla hatası içermeyen bir mesaj yazın!"

"Başka?"

"İlhamınıza kulak verin! Bu arada bazı yöntemler de mevcut tabii. Sevdiğinizin ilgi alanlarını keşfedip içinden birini seçiyorsunuz. Sonra beyin fırtınası yapıp seçtiğiniz konuyla ilgili aklınıza gelen bütün kelimeleri ve deyimleri not ediyorsunuz. Son olarak, kelimeler arasında en olmayacak ilişkileri kurup bir metin yazıyor ve onları harmanlıyorsunuz. İsterseniz, daha kolay anlamanız için bir deneme yapalım. Eşinizin en çok sevdiği şey ne?"

"Zen felsefesine tutkun. Ve en büyük hayali, bir gün Hindistan'a gitmek."

"Harika. Şimdi, bu konuyla ilgili kelimelerin listesini yapalım."

Claude'un yardımıyla bir kâğıda kelimeleri karaladım:

Zen felsefesi. Lotus. Lotus çiçeği. Denge. Nefes. Barış. Güzellik. İçe dönme. Zen bahçesi. Tapınak. Meditasyon.

"Hepsini güzelce yazın." dedi. "Bunlar sizin yaratıcılığınızın ham maddeleri olacak. Ve şu kuralı unutmayın: Sansür ve eleştiri yok. Ne kadar çok fikir bulursanız, o kadar iyi.

Uçuk kaçıklık tamamen serbest! Hatta en saçma, en olmayacak fikirleri dahi not edin. Çoğaltım yapın. İzin verin, bir fikir diğerini doğursun, çoğaltsın."

"Yapacağım. Teşekkür ederim Claude."

"Sonra zen felsefesine ait kelimeleri aşk kelimeleriyle harmanlayın, iyice karıştırıp nasıl bir yazı malzemesi elde ettiğinize bir bakın. Asonans, aliterasyon, karşılaştırma, mübalağa, oksimoron... Hepsi serbest. Ve en önemlisi: Kalbinizin sesini dinleyin!"

"Denemekten bir şey kaybetmem herhâlde."

Derhal işe koyuldum ancak bunun göründüğü kadar kolay olmayacağı hemen belli oldu. Kalemim havada, camdan dışarı bakıp konsantre olmaya çalışarak, ilhamın gelmesini bekliyordum.

Yirmi dakikalık bir bekleyişten sonra nihayet yazabildiğim "*aşkmsj*"ını Claude'a gösterdim:

Aşkım,

Dışarıda basık ve karanlık bir gökyüzü varken içimde güneş tam tepede! Akşam sana kavuşacak olmanın mutluluğu bu. Sevgi tapınağımızda, bir öpücüğünle Cennet Bahçesi'ne dönüşen bahçemizde kavuşacağız. İzin ver; günlerinin lotus çiçeği, gecelerinin Racastan'dan esen rüzgârı olayım. Kutsal bir ateşin korlarını üfler gibi arzularını canlandırıp seni sadece aşkın girebildiği kıyılara uçurayım...

Seni seven Camille'in.

Claude tebessüm ederek şaşkınlıkla yüzüme baktı.

"Vay canına! İlk deneme için oldukça başarılısınız! Güzel olmuş gerçekten. Aşk mesajı yazmak sadece yöntemlerden biri tabii. Hedefi on ikiden vurmak için yaratıcılığınızı her türlü kullanabilirsiniz! Hayal gücünüzü ve sezgilerinizi özgür bırakın, aklınızdan geçenleri gerçekleştirmekten korkmayın. Göreceksiniz, sadece hoş vakit geçirmekle kalmayacak, aynı zamanda külleri de alevlendireceksiniz."

"Kendiniz de denediğiniz için mi böyle söylüyorsunuz acaba?"

"Kim bilir?"

İzleyen günlerde, bu son derece umut verici ilk denemeden aldığım cesaretle, bir operasyon başlatmaya karar verdim, B. A. operasyonu: *Büyük Aşk.* Önceleri yavaş yavaş, her gün öylesine bir mesaj göndermekle başladım. Sonra kaybettiğim aşk toprağını yeniden fethetmek amacıyla, dozu artırıp evin her tarafını sevgi sözcüğü mayınlarıyla kapladım. Sébastien elini attığı her yerde, yastığının altında veya bisküvi dolabının içinde bir not buluyordu.

Ancak sonuç pek de beklediğim gibi olmadı. Doğruyu söylemek gerekirse, bütün bunlar onu baştan çıkarmak yerine şaşırtmış gibiydi. Ani sevgi gösterileri onu adeta daha temkinli yapmıştı. Tabii ki gülümsüyor, teşekkür etmek için öpüyordu. Hatta biraz memnun olmuş gibi de görünüyordu ama öyle umduğum kadar, fazlasıyla memnun da değildi. Canını sıkan bir şeyler olduğunu hissediyordum. Üzerinde düşününce, benim davranışlarımı biraz çelişkili buluyor olabileceğine karar verdim. Bir yandan onunla yakınlaşmak, aşkımızı yeniden alevlendirmek için elimden geleni yapıyor; öte yandan her geçen gün ondan daha da bağımsızlaşıyor, kafamın içinde bir dolu yeni projeyle kendinden ve yeteneklerinden emin bir kadın imajı çiziyordum. Sevgi dilenen o kadın tamamen ortadan kaybolmuştu artık! Yeni Camille rüzgârı arkasına almıştı. Aslında bu duygusal bağımsızlığın onu mutlu etmesi gerekirdi. Oysa son derece mesafeli duruyordu. Bekleyip görmek ister gibiydi. Ona karşı tavırlarımdaki değişikliğin ve küçük aşk oyunlarımın yakında bütün çekincelerini ortadan kaldıracağını umuyordum.

O mutlu günün gelmesini beklerken gerçek Camille'in, yeniden hayallerimin peşinden gitmem için beni doğru yola sevk edecek cesur ve yaratıcı Camille'in kim olduğunu keşfetmek amacıyla içe bakışımı sürdürdüm. Orijinal bir fotomontaj çalışması yapıp onun bir portresini oluşturmaya koyuldum: Dergilerden fotoğraflar kestim, etekleri rüzgârda uçuşan güzel bir kadın bedenine kendi yüzümü yapıştırdım. Kolunun altına, sağından solundan bebek giysileri çizimleri taşan bir resim dosyası tutuşturdum. Kestiğim harflerden kelimeler oluşturup, onları hayalini kurduğum yaşam biçiminin üst kısmına uyumlu bir şekilde yapıştırdım. "Güven" ve "Kararlılık" kelimeleri bu kompozisyonda böylece yerlerini aldılar. Fotoğrafta üzerimde görünen eteği "yaratıcılık" ve "cesaret" kelimeleriyle süsledim. Ayrıca yine dergilerden kestiğim komik ve hareketli bedenlere oğlumun ve eşimin başını yapıştırıp, onları da bu tabloya dahil ettim. Şimdi her şey olmayı istediğim kişiye benzemeye başlıyordu: canlı, yaratıcı, hırslı, eğlenceli ve cesur!

Sonuçtan son derece memnundum. Fotomontajımın fotoğrafını çekip Claude'a gönderdim, hiç gecikmeden cevap verdi:

> Muhteşem! Gördüğüm kadarıyla hayaliniz şekillenmeye başlamış. Yavaş yavaş daha da belirginleştireceğiz onu. Yeni Camille kendini göstermeye başladı! Değişim yolunda biraz daha ilerlemeniz için sizi perşembe günü saat 12.30'da 6. bölgedeki Saint-Sulpice Sokağı 59 numaraya bekliyorum. İyi geceler. Ve... aslında... uyumadan önce koyunları saymak yerine, gün boyunca başınıza gelen üç güzel veya pozitif şeyi düşünün. Bunun çok önemli olduğunu unutmayın!
> Claude.

17

Metro istasyonundan çıkarken Claude'un bu sefer bana nasıl bir sürpriz hazırladığını merak ediyordum. Yaşam derslerini kendine has bir şekilde sahnelemeyi, bazı kural ve tavsiyelerini metaforlarla birebir canlandırmayı seviyordu. Yolda yürürken, beni sıcak hava balonuna bindireceğini anladığım anda yüzümün aldığı ifadeyi hatırlayıp kendi kendime güldüm. Bütün bunları zihnimi kirleten her şeyden hem simgesel hem de somut olarak kurtulmam için yapmıştı. Ve havadayken hissettiğim o huzur! Gelecek daha büyük bir huzuru anlatan bir metafor... Ve hemen, o an gelen somut ödül... Komik aynalar galerisi... O da çok anlamlıydı. Sırada ne vardı acaba? Saint-Sulpice Sokağı'na vardığımda, hediyesini bir an önce açmak için sabırsızlanan küçük bir kız çocuğu gibi bir an önce 59 numaraya ulaşmak için adımlarımı sıklaştırdım.

Aydınlık ve modern, içerisi tasarım harikası eşyalarla döşeli, tamamen cam kaplı bir binanın önüne geldim. Bunun ne olduğunu anlamak birkaç saniyemi aldı. Merakla karışık bir heyecanla kapıdan içeri girdim. Claude beni bir... Gülümseme Merkezine getirmişti! Bu fikir beni... Güldürdü! Elbette bu tür merkezlerin varlığından haberim vardı ama ilk kez birinin kapısından içeri giriyordum.

Claude yüksekçe bir taburenin üzerine oturmuş beklerken, merkezin sahibi olan kadınla samimi bir şekilde sohbet ediyordu. Sıcak bir gülümsemeyle karşıladılar beni. Kendimi televizyondaki "Baştan Yarat" programına katılan bir aday gibi hissettim. Claude bana "Işıltı" işlemi ikram etmek istiyordu. Kabul etmeye çekinsem de ısrarına dayanamadım. Söylediğine göre bu da, eğitimimin ve değişim sürecimin bir parçasıydı. Merkezin sahibi bizi küçük bir kabine soktu, Claude birkaç dakikalık bekleyişten istifade edip benimle konuşmaya başladı:

"Camille, sizin de tahmin edebileceğiniz gibi, sizi buraya sadece dişlerinizin güzelliği için getirmedim."

"Hiç kuşkum yok! Ne de olsa, biraz olsun sizi tanımaya başladım."

İkimiz de gülümsedik. Duruma pek uygun düştü doğrusu!

"Buraya, diş bakımının önemini vurgulamaktan öte, size sahip olduğunuz gülümseme sermayenizin önemini hatırlatmak için geldim. Zira gülümsemek, insanı kesinlikle piyangodan çok daha zengin kılabilir!"

"Biraz abartmıyor musunuz?"

Sorumu dikkate almadan konuşmasını sürdürdü:

"Gülümsemek bedava ve buna rağmen hem çevrenizdekiler hem de kendi moraliniz için inanılmaz bir etkiye sahip. Çifte kazanç yani! Rahip Pierre'in şu sözünü duymuşsunuzdur: '*Gülümseme elektrikten daha ucuzdur ancak aynı derecede ışık saçar.*' Hatta bir insana içtenlikle gülümsemenin zincirleme bir etki yaratarak, gün içinde beş yüz kişiyi gülümsettiği tespit edilmiş! Beyinde ve bedende uyandırdığı olumlu etkilerinden bahsetmiyorum bile! Amerika Birleşik Devletleri'nde yapılan bir araştırmanın bunu kanıtladığını biliyor muydunuz? Bilim insanları bir grup gönüllü katılımcıdan ağızlarıyla bir çubuk parçası tutmalarını istedi. İlk grupta yer alan deneklerden, bunu yaparken yüzlerinde hiçbir ifade belirmemesi istendi. İkinci gruptaki deneklerden, çubuğu tutarken kendilerini gülümsemeye zorlamaları istendi. Üçüncü gruptaki deneklerden, bunu yaparken doğal olarak gülümsemeleri istendi. Daha sonra deneklere, ellerini buzlu suya daldırmak gibi streslerini artıracak deneyimler yaşattılar.

Her deneyimde deneklerin kalp atışları not ediliyordu. Yüzlerinde hiçbir ifade olmayan ilk gruptaki deneklerin kalp atışları önemli ölçüde yükselmişti. Kendilerini gülümsemeye zorlayan ikinci gruptaki deneklerin de kalp atışları yükselmişti ancak ilk gruptakilere oranla daha azdı. Ama doğal olarak gülümseyen üçüncü gruptaki deneklerin kalp atışları son derece yavaştı. Bu deney neyi gösteriyor? Doğal veya zoraki olsun, gülümsemek vücudunuzda stresin etkilerini azaltıyor. Bilim insanları bunu kesinlikle onaylıyor ve şöyle açıklıyorlar: Doğal olsun ya da olmasın, gülümsediğiniz zaman beyniniz bunu mutlu olduğunuz şeklinde yorumluyor ve sakinlik hormonları salgılıyor. Harika değil mi?"

"Evet, tabii ki!"

"Gülümsemek Camille, sadece kendinizi daha mutlu hissedip çevrenizdekiler tarafından daha fazla sevilmenizi sağlamakla kalmıyor, aynı zamanda daha iyi ve daha uzun yaşamanızı da sağlıyor! Ayrıca gülümserken ne kadar güzel olduğunuz da aşikar... Yüzünüz aydınlanıyor ve olduğunuzdan çok daha genç görünüyorsunuz. Şimdi sıra **iç gülümsemenizi canlandırma** aşamasına geldi."

"İç gülümsemem mi?"

"Evet. Size o meşhur iç huzurunuzu verecek olan kendinize dönük bir gülümseme. Maneviyat arayışındaki biz zavallı Batılılara ulaşılmaz görünen, hayatımızı peşinden koşarak geçirdiğimiz; bizim Kutsal Kâsemiz. Doğruyu söylemek gerekirse, günümüzde böyle bir eğitimi verecek birilerini bulmak imkânsız zaten. Ne yakınımızda ne de pazarlama ve hukuk derslerinden geçilmeyen üniversitelerde bulmak mümkün. Oysa eski zamanlarda, Taocu eğitmenler insanlara iç gülümseme sanatını öğretip bunun nasıl önemli bir sağlık, mutluluk ve uzun yaşam garantisi olduğunu anlatıyorlardı. Zira insanın kendine gülümsemesi tıpkı bir sevgi denizine dalmak gibidir. Sadece güç vermekle kalmaz, aynı zamanda çok büyük bir iyileştirme gücüne de sahiptir."

"Ooo! Peki, bunu somut olarak nasıl gerçekleştirebilirim?"

"Günlük, küçük alıştırmalarla işe başlayabilirsiniz. Boş kaldığınız her an sakince bir yere oturun, bedeninizi tamamen gevşek bırakın ve ağzınızı hafifçe aralayın. Bütün dikkatinizi nefesinize ve size fiziksel olarak getirdiği rahatlamaya yoğunlaştırın. İçinizde masaj etkisi yapan yaşam soluğunu sevgiyle karşılayın. Böylelikle yavaş yavaş iç gülümsemeyi hissetmeye başlayacaksınız. Derin bir rahatlık, her yanınızı saran bir gevşeme ve ahenkli bir dinginlik hissedeceksiniz. Aynı zamanda göğüs kafesinizde açan bir çiçeği de gözünüzde canlandırabilirsiniz."

"Açıkça söylemem gerekirse Claude, bunu başarmak için kendimi yeterince rahat bırakabileceğimden pek emin değilim. Ben biraz fazla tez canlıyım."

"Önceden varsayımlarda bulunmayın! Birkaç gün deneyin. Sonuç sizi çok şaşırtabilir! Başlarda, kıpırdamadan oturmak biraz zor gelebilir, çok normal. Ancak bir süre sonra kendinizi bu pozisyonda çok daha rahat hissetmeye hatta bundan hoşlanmaya başlayacaksınız. Bu biraz, mavi bir gökyüzü gibi... Yaz aylarında deniz kenarında görülen güzelim mavi gökyüzünü kim sevmez ki!"

"Ah, elbette! Harikadır! Ama hava burada sene boyunca gri ve karanlık."

"İşte bakın, iç gülümsemenizi bulmak, masmavi bir gökyüzü parçası bulmak gibi, üstelik onu her istediğinizde bulabilirsiniz. Gökyüzü bulutlarla kaplı olsa da o hep masmavi kalacak! Aynı şekilde, canınız sıkkın olduğunda, olağanüstü mavi gökyüzü parçası her an orada, içinizde, sizi bekliyor olacak. Yapmanız gereken tek şey, onunla bağlantı kurmayı öğrenmek."

"Beni ikna etmeyi başardınız! Bravo! Kesinlikle deneyeceğim."

Tam o anda genç bir kadın içeri girdi. Diş beyazlatma işlemim başlayacaktı. Claude ortadan kayboldu. Sonucu görmek için sabırsızlanarak kendimi genç kadının ellerine bıraktım. Bittiğinde, yeni gülüşüme aynada uzun uzun baktım. Muhteşemdi! Yöntem gerçekten de çok etkiliydi! Neşe içinde Claude'un yanına gittim. Yine aynı taburenin üzerine oturmuş, görünüşe göre sıranın kendisine gelmesini bekleyen bir müşteriyle sohbet etmekteydi. Beni görür görmez yanındaki kişiyle vedalaşıp yanıma geldi.

"İşte şimdi, otuz iki dişinizle gülümsemeye hazırsınız! Ancak unutmayın: En güzel gülümseme, kendi içinizden yansıyandır."

18

Hemen o gün, öğleden sonra, Claude'un öğretilerini deneyimlemeye başladım. Kendimi Catherine Deneuve olarak görmeye karar verdim. Yeni gülüşümü, cazibesinden emin bir kadının iç gıcıklayıcı rahatlığıyla, yolda karşılaştığım erkekler üzerinde denemeye başladım. Kendime örnek aldığım kadına duyduğum saygıyla, zarafeti elden bırakmayan bir özgüven sergiliyordum.

Sonuç son derece şaşırtıcıydı: Yirmi dakika içinde dört erkeği beni süzerken yakaladım. Kendime güvenimin nasıl bir ok gibi fırladığını söylememe gerek yok sanırım! Unuttuğum bu duygunun, beğenilmenin tadını çıkarıyordum. Ve gizlice ana çapaladım. Zor zamanlarda hatırlamak için...

Bendeki değişim işyerindekilerin de gözünden kaçmadı. Zevk için, şartların dahilinde, kendime örnek aldığım kişilerin rolüne bürünüyordum. Bazen Steve Jobs oluyordum, o an kendimden nasıl da emindim. Başka bir sefer, Georges St. Pierre oluyor, hiç kimsenin sarsamayacağı sakin bir güçle doluyordum. Bu durum gitgide kendi kendime oynadığım bir oyuna dönüştü ve onun hem kendi zihnimde hem de iş ortamımda yarattığı etkileri büyük bir keyifle izliyordum. Çok daha ağırbaşlı ve oturaklı hallerim, sürekli alaycı ergen esprileri yapan iş arkadaşlarımın bana karşı daha saygılı olmalarını sağlamıştı. Üstelik yaşadığım değişim sayesinde, son birkaç aydır inanılmaz sıkıcı gelen işime de alışılmadık bir hevesle sarılmaya başlamıştım. Elbette bunu da, bana "**mış gibi**" yapmayı öğütleyen Claude'a borçluydum. İşim *sanki* dünyanın en heyecan verici işiymiş gibi düşünmek üzerine kurulmuş psikolojik bir yaklaşımdı "mış gibi" yapmak. "İşinizi ite kaka devam ettirmek ve oturup gökten mucizevi bir şekilde daha iyi bir iş düşeceği günü beklemek yerine, iyi taraflarını bulun ve kendinizi bunlara %400 verin." demişti.

Sonuç olarak son birkaç gündür, her şeye gülümseyerek kendimi tamamen işime vermiştim ve bu, patronumun gözünden kaçmamıştı.

"Camille seni çok uzun zamandır böyle görmemiştim. Şu sıralar bayağı formundasın! İşe tam zamanlı dönmeyi düşünmek ister misin?"

Kulaklarıma inanamıyordum! Artık bir kenara atılmadığım gibi, göklere de çıkarılıyordum. İnanılmazdı! Gururum okşanmıştı ve gizli bir zafer duygusu da yaşamıyor değildim. Biraz rövanş mı kokuyordu sanki? Peki istediğim bu muydu gerçekten?

Her neyse, benim coşup taşan pozitifliğim tüm ofise yayılmıştı. Yumurta Kafa bile bana farklı bir gözle bakar olmuştu. Onca zamandır katlandığım onun tatsız imalarından sonra bu şekilde çenesini kapatmak da hoşuma gitmiyor değildi hani! Ama yeni Camille'in böyle kısır ve negatif tatminlerle kaybedecek vakti yoktu. Yeni Camille, Claude'un verdiği egzersizleri yapacağına ve işi sonuna kadar götüreceğine söz vermişti. Egzersizlerden biri, bana gönderdiği mesaj aracılığıyla da hatırlattığı üzere, görünenin ötesine geçmemdi:

Herkes, gerçekte kim olduğunu anlamamız için kendisine ikinci bir şans verilmesini hak eder. Ancak bunun için eleştirilerimizi, yorumlarımızı ve önyargılarımızı bir kenara bırakmamız gerekir. Sizi kendisini daha yakından tanımak üzere, sevmediğiniz bir iş arkadaşınızla yakınlık kurmaya davet ediyorum.

Hadi canım! Kendimi asmayı ne kadar istiyorsam, Franck'ı daha iyi tanımayı da o kadar istiyordum! Bana çektirdiklerini hatırlayınca, onunla yakınlaşmak şöyle dursun, mümkün olduğunca uzağında kalmayı tercih ederdim. Fakat onu daha yakından tanımak *Kararlılık Defteri*mde yer alan maddelerden biriydi ve ben "yapmadım" şıkkını işaretlemeyi kabul edemezdim!

Bir perşembe sabahı bütün cesaretimi toplayıp masasına yaklaştım.

"Franck, öğle yemeği için bir planın var mı? Uzun zamandır birlikte bir yemek yiyip biraz sohbet etsek iyi olabilir diye düşünüyordum."

Ofisteki herkesin şaşkınlıkla fısıldaşmaya başladığını hissediyordum. Franck sanki ne cevap vermesi gerektiğini anlamaya çalışır gibi, yan gözle diğerlerine baktı. Tam bir dayanışma içinde, herkes aynı anda başını klavyesine gömdü.

"Şey, evet, neden olmasın." dedi sonunda, şaşkınlığı devam ederken.

Böylece öğle yemeğinde bir araya geldik. Onun önünde steak tartar, benim önümde nisuaz salata, rollerimiz değişmiş bir hâlde karşılıklı oturuyorduk. Sandalyenin üzerinde sürekli kıpırdanmasına bakılırsa, kendini pek rahat hissetmiyordu. Her zaman küstah bir kendine güvenle benimle alay eden ve beni sinirden çatlatan adam, beklenmedik nezaketim karşısında tamamen şaşkına dönmüştü. Maskeler düşüyordu...

Havayı yumuşatmak ve aramızdaki tutukluğu gidermek için biraz yağ çektim, dostane gülücükler ve ticari yeteneğine övgüler falan...

"Sana hiç söylemedim ama satış yeteneğine hayranım. Ekipte bir numarasın ve ben senin bunu fazlasıyla hak ettiğini düşünüyorum."

İltifatım karşısında yanakları kızardı. Onu daha önce hiç böyle görmemiştim!

"Camille," dedi ciddi bir ses tonuyla, "Sana her zaman çok iyi davranmadım. Bunun için senden özür dilerim. Nasıl olduğunu bilirsin, diğerlerinin önünde ilginçlik taslamak amacıyla başlıyorsun ve sonra kendi kazdığın kuyuya kendin düşüyorsun. Doğruyu söylemem gerekirse, bir yandan oğlunla ilgilenip bir yandan çalışmaya devam ettiğin için senin çok güçlü ve cesur bir kadın olduğunu düşünüyorum."

Bu defa yanakları kızarma sırası bana gelmişti. Birbirimize samimiyetle gülümseyip savunma duvarlarımızı yıktıktan sonra yemeğin geri kalan kısmı çok daha rahat bir havada geçti. Maket uçak tutkusu vardı. Kendi yaptığı minyatür uçakları uçurmayı seviyordu. Bundan bahsederken gözleri küçük bir çocuğun gözleri gibi ışıl ışıl parlıyordu. Bir de, bazen işinden çok sıkıldığını itiraf etti. İşinin artık kendisine hiçbir şey katmadığını, hiç hevesinin kalmadığını ancak değiştirmeye de bir türlü cesaret edemediğini söyledi. Sonra aile hayatımızdan bahsetmeye başladık. Geçen yıl eşinden ayrıldığını ve bu ayrılığın, özellikle de çocuklarından ayrı kalmanın kendisine çok zor geldiğini söylediğinde çok şaşırdım.

"Üzüldüm, hiç haberim yoktu."

"İş yerinde kimseye söylemedim zaten."

Bu kez de ben ona başka bir gözle bakmaya başlamıştım. Onun hakkında biraz çabuk ve kesin bir yargıya varmış olduğumu düşünüp utandım. Kanayan yarasını hiç kimseye göstermemek ve herkesi kendinden uzak tutmak için alaycı tavırlarını kendine kalkan olarak kullanıyordu kuşkusuz.

İnsanlara dikkatle bakmadığımız, onları daha iyi tanımaya vakit ayırmadığımız için haklarında nasıl da yanılabiliyorduk! Her an dikenlerini batırmaya çalışan bir kirpi gibi gördüğüm iş arkadaşımın, aslında gayet ilgi çekici ve hassas bir insan olduğunu anlamam için kabuğunu birazcık kazımam yetmişti. Sohbete doymuş bir şekilde restorandan çıktık.

"Seninle konuşmak bana iyi geldi." dedi.

"Evet, güzel zaman geçirdik. Bunu tekrarlamaya ne dersin?"

"Evet, mutlaka tekrarlamalıyız."

Yüzü kocaman bir gülümsemeyle aydınlandı.

O gün bir şey daha fark ettim: Franck'ın gülümsemesini.

19

Bitirme tezi savunmamdan beri ellerimin hiç bu kadar terlediğini hatırlamıyordum. Geçen dört ayın bilançosunu çıkarmak üzere Claude'un ofisinde randevulaştık. Evet, adını Kelebek koyduğum değişim programına başlamamın üzerinden dört ay geçmişti. Kozamdan tamamen çıkmamıştım henüz. Ama dönüşüm devam ediyordu ve ben daha şimdiden farklı bir insan olduğumu hissediyordum. Bu dört ay içinde, son beş yıldır yaşadıklarımdan çok daha fazlasını yaşamıştım. Kendimi son derece enerjik hissediyordum ve zihinsel kapasitem inanılmaz ölçüde artmıştı. Muhtemelen, Claude bu durumu pozitif düşünme, gülümseme ve hayatımı ele almamın tetiklediği endorfin veya diğer başka hormonların salgılanmasına bağlayacaktı.

Sıcak bir gülümsemeyle karşıladı beni.

"Nasılsınız, iyi misiniz?"

"Evet, iyiyim Claude. Değişimi fark etmeye başladım!"

"Harika. Hedeflerinizde ne kadar ilerleme kaydettiğinize bakacağız bugün. Hazır mısınız?"

"Evet evet."

"İlk önce somut hedeflerden başlayacağız. ***Kararlılık***

Defterinizi getirdiniz mi?"

"Evet, burada."

Gergin bir hâlde spiralli defteri ona uzattım.

Yerine getirilmiş, "yaptım" şıkkı işaretlenmiş kararlar şunlardı:

Her gün en az on kişiye gülümsemek.
Kendime daha fazla vakit ayırmak (vücut bakımı ve estetik özen) ve dış görünüşüme dikkat etmek.
Kişiliğimi ön plana çıkaracak kıyafetler seçmek.

"Bu konudaki hedeflerinizi büyük bir başarıyla yerine getirdiğinizi görüyorum, tebrikler!"

Dört kilo vermek.

Hiçbir şıkkı işaretlememiştim.

"Hemen bakalım..."

Odada duran tartıyı işaret etti ve üzerine çıkmamı istedi. Sonucu görmekten o kadar korkuyordum ki sıkıntıyla yutkundum.

"54 kilo 800 gram. Tam 4 kilo 200 gram vermişsiniz. Bravo Camille! Şimdi 'yaptım' şıkkını işaretleyebilirsiniz!"

Nasıl mutlu olmuştum! Sonunda fazla kilolarımdan kurtulmuştum! Claude listemi incelemeye devam etti.

Her yerde, etrafa fark ettirmeden jimnastik yapmak.

"Yaptım" şıkkı işaretlenmişti.

Aşkta yaratıcı olmak.

"Deneme aşamasında mı dediniz?"

Boğazımı temizledim ve açıklamaya çalıştım:

"Evet, şu sıralar farklı yöntemler deniyorum ancak Sébastien'in bunları yüzde yüz algıladığını söyleyemem."

"Çok doğal. Bütün bu değişimleriniz ona mutlaka biraz tuhaf geliyordur. Denemeye devam edin, yakında sonuç almaya başlayacağınızdan eminim."

"Göreceğiz bakalım!"

"Peki ya *Pozitif Olaylar Defteriniz*? Düzenli olarak not tutabildiniz mi?"

"Evet, işte burada."

Claude son zamanlarda yaşadığım hoşlukları not ettiğim telefon rehberini karıştırmaya başladı:

Ç: Çekicilik, dört erkekle göz göze geldim.

F: Franck, sevmediğim iş arkadaşımla yediğim öğle yemeği çok güzel geçti.

G: Gül, gül fidanım yeni bir çiçek verdi!

O: Oyun, Adrien'le oyun oynadım ve harika zaman geçirdik!

Z: Ziyafet, ailem için özenerek hazırladığım akşam yemeği tam bir ziyafetti.

"Sizinle gurur duyduğumu söylemeliyim. Bunu hak ettiniz."

Çekmeceyi açıp artık iyice tanıdık gelmeye başlayan, kurdeleyle bağlanmış, küçük güzel bir kutu uzattı. Kutuyu büyük bir heyecanla açtım, yeni bir Charm kolyesiydi içindeki: yeşil lotus çiçeği. Onu da hemen zincirime takıp diğer ikisinin yanına ekledim. Yeni bir aşama daha kaydetmiştim!

Değişimde yeşil kuşak kazanmıştım. Bu iş ciddiye binmişti! Claude'a sakin ve ağırbaşlı bir gülümsemeyle baktım –kısa zamanda fazlasıyla olgunlaşmış bir insanın gülümsemesiyle– ama aslında içimde bir Rio Karnavalı vardı. Sokağa fırlayıp koşmak, insanların boynuna atlamak, vuvuzelalar öttürmek istiyordum! Oğlumun yazı dersinde 'A' aldığında hissettiği mutluluğun aynısını yaşıyordum. Bıraksalar, bir koşu gidip kendime koca bir torba bilye satın alabilir ya da buz gibi bir şişe limonatayı kafaya dikebilirdim.

Claude'un sesi beni gerçeğe döndürdü:

"Bir hayli yol katettiniz ancak henüz yolun sonuna geldiğinizi söyleyemem! Eğer isterseniz, biraz bundan sonraki hedeflerinize bir bakalım. Olur mu?"

Önerisini kabul ettim.

Bir saat sonra, çıkardığımız uzun mu uzun listeyi birlikte okuyorduk:

Daha fazla uyum ve huzur için gerekli adımları atmaya devam etmek.

Sébastien'i yeniden kazanma çalışmalarını sürdürmek.

Adrien'le ilişkimde gerginliği gidermek. Sınırları belirleyip ahenkli bir ilişki kurmak.

İstediğim yeni iş projesinin hatlarını netleştirmek. Bu projenin yapılabilirliğini araştırmak. Projeyi gerçekleştirmek için gerekli adımı atmak.

Derin bir iç çektim. Oysa birkaç dakika önce mutluluktan uçuyordum! Claude cesaretimin kırıldığını hemen anladı:

"Kendinize güvenin Camille. *Dut yaprağı zaman ve sabır sayesinde ipeğe dönüşür.* Görevlerinizi tek tek ele alın ve sadece o an yaptığınız işe odaklanın."

"Teşekkür ederim. Benim için yaptığınız her şey için gerçekten çok teşekkür ederim!"

Sımsıcak bir gülümsemeyle elimi sıktı. İlerleme kaydettiğimi görmekten gerçekten mutlu olduğu belliydi. Başkalarına hayatta ilerlemeleri için yardım etmeye hazır ve karşılığında, belki bir gün başarıya ulaşırsa ücret almayı kabul edecek kaç kişi vardı ki? Biraz fazla ütopik olduğu kesin olsa da hayranlık duymamak imkânsızdı.

20

Claude'un tavsiyelerini büyük bir cesaretle, gün gün uygulamaya başladım. Erdemli döngüde yer almak için "yapmam gerekenleri" ezberlemiş sayılırdım. Ancak kendisinin de sürekli tekrarladığı gibi, önemli olan ne yapmak gerektiğini bilmek değil, onu uygulamaktı! Hiç bıkıp usanmadan, süreklilik ve azmin öneminin altını çiziyordu.

Dördüncü ayın sonunda, önemli bir eşikten geçtiğimi fark ettim: Yeni yaşam biçimimden; yeni yemek yeme, düşünme ve davranış biçimimden gerçekten çok memnundum artık. Doğu disiplinlerinde sürekli bahsi geçen meşhur beden/zihin uyumunu ilk kez deneyimlemekte olduğumu anladım. Her gün yaptığım birkaç dakikalık küçük jimnastik ve egzersizler, bedenimle yeniden bağlantı kurmamı sağlamıştı. Tabiri caizse, eskiden ruhum tam olarak bedenimde değilmiş sanki. Sonunda günlük egzersizler o kadar hoşuma gitmeye başladı ki onları ve bende uyandırdıkları hisleri sürekli arar oldum.

Sokakta yürürken, bazen bedenimin yeryüzüyle gökyüzü arasında kısa bir çizgi olduğunu hayal ediyor; kendimi, her şeyden ayrı bir öğe olarak değil de büyük bir bütünün parçası gibi hissediyordum. Bugüne kadar hislerimden ne kadar kopuk yaşadığımı anlıyordum. Ama bundan böyle, şimdide yaşamaya kararlıydım. Sürekli geçmişi düşünerek veya gelecek için endişelenerek kaybettiğim zamanlar geride kalmıştı. Ve bu çok huzur vericiydi!

Bu arada doğanın ve temiz havanın fiziksel ve ruhsal sağlığım üzerinde ne büyük bir rol oynadığını gözlemleme fırsatı buldum. Hayatım boyunca beton binalar arasında ve hava kirliliği içinde yaşamış olduğumdan, doğayı sevmediğimi düşünürdüm. Kendi kendime, otların içinde gizlenen ve yerlerde sürünüp, havada uçan milyonlarca börtü böceğin ölümcül derecede sıkıcı olacağına dair yanlış bir fikir edinmiştim. Doğa Ana'yla barışmak bana huzur sağladı. Onun cömertçe önümüze serdiği güzelliklerinde bu kadar büyük bir enerji bulacağımı asla tahmin edemezdim.

Bir gün, Claude bana İkebana yani doğayla sessiz bir iletişim kurmanıza yardım ederek huzur ve dinginlik bulmanızı sağlayan, Japon çiçek derleme sanatını öğretmeye karar verdi. Böylece elimizde budama makasları, ilham verici bitkiler toplamak üzere kırlarda yürüyüşe çıktık. Daha sonra Claude'un yardımıyla, renk ve biçimleri ustaca bir dengeyle bir araya getirip bir "bitkisel şiir" kompozisyonu oluşturdum.

Bir dakika bile dinlenmeye vakti olmayan ben, Japonların Tokonoma adını verdiği duvar girintilerinden esinlenerek yaptığım; şamdan, heykel gibi eşyalarla dekore ettiğim zen sığınağımda her gün sakince oturup düşüncelere dalıyordum. Evde bunun için çok uygun bir köşe bulmuştum; salonun dip tarafında, şimdiye kadar hiç kullanmadığımız, gözden uzak bir alanı buna ayırdım. İkebana çiçek derlemelerimi koymak için yere uzunca, sade bir vazo yerleştirdim. Duvara farklı boyutlarda raf üniteleri çaktım. Her birinin içine enerji ve ilham veren nesneler koydum: Birincisinin içine güler yüzlü bir Buda heykeli ve yanına ***"Sevdiğin işi yapmak özgürlüktür, yaptığın işi sevmek mutluluktur."*** yazan kartpostalı, ikincisine güzel bir mum ve son zamanlarda en beğendiğim üç kitabı, sonuncusuna üçümüzün bir arada olduğu bir aile fotoğrafı ve "mutluluk getirdiğine" inanılan, kutsal Hint tanrısı Şiva'nın bir heykelini. İnsanı rahatça oturup düşünmeye davet eden renkli birkaç yastığı da yere güzelce yerleştirdim.

Böylece stresli olduğumu hissettiğim zamanlar, bir süre bu köşede sessizce oturup kendimi hipnotize olmuş hissedene kadar mumun alevini seyrediyordum.

Hayat felsefemdeki bu değişiklik beni içten içe besliyordu ve zaman geçtikçe kaygılarım azalıyor, kendimi daha sakin hissediyordum. Ayrıca fark ettiğim başka bir şey de eskiden sürekli tatminsizliklerime yoğunlaştığım oldu. Neden sürekli kronik mutsuzluktan şikâyet ettiğim anlaşılıyor!

Claude mutsuzluğun panzehrinin ne olduğunu da söylemişti: Her gün, sahip olduğum her şey için **minnettarlığımı dile getirmeliydim**. Artık her sabah hayata şükrederek uyanıyor ve her akşam yine şükrederek yatağa giriyordum. Sağlıklı bir çocuğa sahip olduğum için, barınacak bir evim olduğu için, barış içinde bir ülkede yaşadığım için şükrediyordum. Beni seven ve destekleyen bir eşim olduğu için şükrediyordum. Hatta daha önemsiz şeyler için bile şükretmeyi alışkanlık haline getirmiştim: sabah dumanı tüten bir fincan kahve için, ailemle paylaştığım elmalı turta için, gölün üzerinde parlayan güneş ışıkları için...

Bir de, etrafımdaki her şeye, gerek insanlara gerek diğer canlılara olsun, daha çok özen göstermeyi ihmal etmiyordum. Bitkilere, hayvanlara, kendimize, sevdiklerimize ve aynı zamanda dışarıda karşılaştığımız insanlara özen göstermek çok önemliydi. Claude bir seferinde bana "Verdiğimiz ölçüde yaşamış sayılırız." demişti. Haklıydı. Ayrıca düşünce yapımı değiştirmemde yardımcı olacağını umarak bana Dalai Lama'nın bir kitabını göndermişti. Kitaptaki bazı bölümlerin altını çizmeyi de ihmal etmemişti.

Beni etkileyen cümlelerden biri şuydu:

"Sevgi, özveri, şefkat ve merhamet duyguları arttıkça; nefret, kıskançlık ve kibir azalır." Bunlar benim için de önemli değerlerdi ancak şu son yıllarda, bazen ihmal bazen de kolaycılık yüzünden hepsini bir kenara atmıştım. İşin sırrı, bu değerleri asla terk etmemekti. Her gün hatırlamak, yaşamak ve yaşatmak gerekiyordu. Aksi hâlde ipin ucu kaçıyor, kötü alışkanlıklar baskın geliyordu.

Şu cümle de iyiydi mesela:

"Bazıları gölün dibindeki balçığı görür, diğerleri de suyun yüzeyindeki lotus çiçeğinin güzelliğini; bu bir seçim meselesidir."

İnsanların hayata bakışlarını çok iyi özetleyen bir örnek. Yavaş yavaş, mutluluğun ne olduğunu anlamaya başlamıştım: kendini adamak! Evet. İlişkine, ailene, işine, ne olursa olsun, yaptığın her şeye kendini adamaktı mutluluk!

Hayatın anlamına gelince; bunun, insanın gerçek kişiliğini oluşturan, güzel vasıflarını ön plana çıkararak, elinden gelenin en iyisini yapmaya çalışması olduğunu anlamaya başlamıştım. Yaptığınız her ne ise, elinizden gelenin en iyisini yapmak ve insanlara en iyi şekilde davranmak... Mutluluğun anahtarı bu değil miydi?

Bazı kişiler hiçbir şeyi çok iyi bilmediklerini öne sürerek buna itiraz edebilirler. Hatta her konuda kötü olduklarını savunabilirler. Böyle düşünen insanların zihinlerinde çok fazla zehir olduğuna eminim artık. Ancak onlara iyi bir haberim var: İnsanın içindeki gelişim potansiyelinin ortaya çıkması için zihni bu zehirlerden arındırmak kesinlikle mümkün. Herkesin kendine özgü vasıfları var. Önemli olan, bu vasıfların ne olduğunu bulup onları geliştirmek. İşte o zaman, herkes özünde en iyi olduğu şeyi bulur ki bu, dünyadaki bütün maden yataklarından daha değerli bir hazinedir.

Ben tam bu düşünceler içindeyken, Claude'dan mesaj geldi. Düşüncelerimi okumuş gibi şöyle yazmıştı:

Merhaba Camille, önümüzdeki üç haftanın programını veriyorum:

Olumlu düşünme, kendi kendine telkin ve meditasyon. Zihninizi yeniden programlamak için bunları her gün uygulamaya devam etmelisiniz! Ama tüm bunlar iyi bir amaç için, öyle değil mi?

Sordum:

Neden üç hafta?

Hemen cevap verdi:

Herhangi bir değişimin gerçekleşmesi ve bir alışkanlık haline gelmesi için gereken süre bu kadar.

Ayrıca bir de paket göndermişti. Heyecanla paketi açıp gönderdiği şeyi, sarılı olduğu balonlu naylondan çıkardım. Renksiz camdan yapılmış, güzel bir şekerlikti bu. Ancak ne amaçladığını pek anlayamamıştım! Claude şekerliğin içine rulo yapılmış bir kâğıt koymuştu. Hemen kapağını açıp kağıdı elime aldım. İki sayfalık, uzun bir mesaj yazmıştı.

Camille,

İşte size bir **düşüncelik**... Bu, sizin negatif düşünce ve kafada kurma kumbaranız olacak. Nasıl mı? Yararsız veya negatif her düşünceniz veya sözünüz için kumbaraya bir euro atacaksınız. Bu yolla zengin olmamanızı dilerim!

Ne kadar tekrar etsem az: **Olumlu düşüncenin** hem bedeniniz hem de zihniniz üzerindeki etkisi inanılmaz önemli. Araştırmalarla kanıtlanmış bir gerçekten bahsediyorum! Alın işte size, bir örnek... Bilim insanlarının gerçekleştirdiği bir deney: Tatlı tabağı boyutlarında iki ayrı kabın içine eşit miktarda toprak doldurdular. Sonra kapların içine eşit oranda gübre katıp her birine yirmi üç adet çim tohumu ektiler. Kapları yan yana bir seraya yerleştirdiler. Böylece filizlenme döneminde her iki kabın da eşit miktarda güneş ışığı alıp, aynı hava şartlarından faydalanmasını sağladılar. Tek değişken şuydu: Bilim insanları sırayla günde üç kere kapların önüne oturuyordu. İlk kabın önünde sürekli negatif ve saldırgan sözler sarf ediyorlardı: "Burada hiçbir şey büyümez, bir şey olacağı yok, buradan çim falan çıkmaz, bu toprağın verimli olduğunu zannetmiyorum, hem çim çıksa bile eminim birkaç günde kuruyup ölür." İkinci kabın önünde ise hoş ve güven dolu sözler sarf ettiler. Filizlenme dönemi ve çimlerin büyümesiyle ilgili son derece olumlu şeyler söylediler: "Çimlerin çıktığını görmek için sabırsızlanıyorum, müthiş güzel olacaklar! Hava güzel, sıcaklık tam olması gerektiği gibi, tohumların filizlenmesi için son derece ideal bir durum. Benim elim bereketlidir, ektiğim her şey kolay tutar."

Üç hafta sonra ünlü Time dergisinde kapların birer fotoğrafını yayımladılar. Negatif yorumlara maruz kalan kapta sadece iki-üç çim filizi görüldüğünü, ikinci kabın ise kökleri toprağa sağlamca bağlanmış, boyları upuzun, gür ve yemyeşil çimlerle kaplı olduğunu söylememe gerek yok sanırım. Anlayacağınız Camille, sözlerimizin bir titreşimi var. Davranışlarımızın da öyle. Ekilen tohumlar üzerinde bu denli büyük bir etkiye sahip olduklarına göre, insanlar üzerindeki etkilerini bir düşünün! İşte bu yüzden, dışarıya sarf ettiğiniz sözler kadar içsel diyaloğunuza da dikkat etmeniz gerekir. Hemen bugün başlamaya ne dersiniz?

Verdiği örnekten çok etkilenmiştim ve bu konuda kendimi değiştirmeye hazırdım. Ancak çok uzun bir süreden beri sürekli negatif şeyler düşünüp söylemeye alışmış biri olarak, bu işin bir hayli zor olacağını seziyordum. Claude beni uyarmıştı: Nasıl ki bir halterci her gün düzenli olarak antrenman yapmak zorundaysa, zihni yeniden programlamak için de düzenli olarak çalışmak ve çaba sarf etmek gerekiyor. Dikkati de elden bırakmamak şart. Çünkü dikkat etmezseniz, zihniniz her an eski kötü alışkanlıklarına dönmeye hazır bekliyor! Kendi kendime dikkati elden bırakmamaya söz vererek, *düşünceliğimi* görünür bir yere, salondaki kitaplığın üzerine koydum. Evdeki iki adamı da bana katılmaya davet etmek gayet eğlenceli olabilirdi.

Bu fikir Adrien'in çok hoşuna gitti.

Ertesi sabah Sébastien somurtarak pencereye yöneldi.

"Olamaz! Havaya bak, iç karartıcı!"

Benim müdahale etmeme gerek bile kalmadan Adrien atıldı.

"Baba! Hemen bir euro veriyorsun!" diye haykırdı. Babasını suçüstü yakalamaktan memnundu.

Sébastien söylenmeye başladı ama devam ettikçe *düşünceliğe* daha fazla para atması gerekeceğini fark edip sızlanmayı kesti.

"Hayır, hayır, hayır! Tamam, söylenmeyi bırakıyorum! İflas etmeye hiç niyetim yok!"

Kalktı ve pozitiflik-başçavuşuna sevgiyle sarılıp öptü.

Bana gelince, her gün **kendi kendime olumlu telkinler vermeye ve pozitif düşünmeye** çaba gösteriyordum. Cümle kurarken kullandığım ifadeleri değiştirmeye, negatif ifadeler yerine, pozitiflerini kullanmaya gayret ediyordum. Edilgen değil, etken fiiller kullanıyordum. Tam bir beyin jimnastiğiydi bu!

Claude'un daha önce göndermiş olduğu bir hikâyeyi sık sık çıkarıp okuyordum. Adamın biri, bir bilgeye soruyor:

"Siz ki bilge bir insansınız, zihninizde ne olduğunu söyler misiniz?"

"Zihnimde iki köpek var; biri siyah, diğeri beyaz. Siyah olan; öfke, nefret ve karamsarlığın köpeği. Beyaz olan ise; sevgi, cömertlik ve iyimserliğin köpeği. Ve bu iki köpek sürekli kavga halindeler."

Adam şaşkınlıkla sorar:

"İki köpek mi? Kavga mı?"

"Evet, sürekli kavga ediyorlar."

"Hangisi kazanıyor peki?"

"Hangisini daha çok beslersem o."

Düşüncelerimin son yıllarda, sevimli bir Maltese Terrier'den çok, üç başlı siyah bir Kerberos'a benzediği gayet açıktı! Ama zihnimdeki köpeklerin durumunu değiştirmeye kararlıydım artık.

Claude zaten yeterince uzun olan listeme, uymam gereken bir kural daha ekledi. İmparator Augustus'un meşhur sözünden esinlenen bir kural: *festina lente*, yani acele ederken yavaş ol. Görünüşe göre, pek çok insan gibi ben de hız ile aceleyi birbirine karıştırma eğilimindeydim. Son yıllarda yaptığım her şeyi çabuk ve üstünkörü yapıyor, bir an olsun durup düşünmeye vakit ayırmadığım için kavanozun içinde kapalı kalmış bir sinek gibi çırpınıp duruyor ve kafamı sürekli yaşamın camına çarpıyordum.

Bundan böyle, her şeyi biraz daha az hızlı yapacaktım. Aciliyet diktasına boyun eğmeyecektim. Gereksiz baskılara maruz kalmadan hareket edecektim. Yararlı stres ve zararlı stres arasındaki fark tam da buradaydı.

İş yerinde sakin sakin çalışırken Claude'dan bir mesaj aldım. Bana çarşamba günü için gizemli bir randevu –yine!– veriyordu. Charenton-le-Pont'da bir adresti bu seferki. Gelirken yanıma bir havlu ve bir mayo almamı istiyordu. Mayo mu? Ama bir havuzu boydan boya defalarca katetmeyi hiç istemiyordum ki ben!

21

Çarşamba günü isteksizce –ama *fair-play*, evet, *düşünceliğe* bir euro atmıştım– randevumun olduğu adrese vardım. Benim aksime, Claude son derece formda ve heyecan doluydu. Yine ne sürpriz hazırlamıştı acaba?

Sürprizin ne olduğunu anlamam uzun sürmedi. Beni sıradan bir havuza getirmemişti. Burası bir sualtı dalış merkeziydi. Nerede olduğumuzu anladığımda kalbim deli gibi atmaya başladı. Nasıl bir tuzaktı bu! Bu kadarını da yapmazdı herhâlde.

Evet, yapacaktı!

İtiraz etmeye, kaçmaya çalıştım. Su altında nefesimi tutmaya alışkın olmadığımı, on saniye bile dayanıp dayanamayacağımdan emin olmadığımı söyledim ancak bütün endişelerimi elinin tersiyle itip, nasıl olacağını açıklamaya başladı. Tek amacı, heyecanımı kontrol etmeyi ve koşullar ne getirirse getirsin, **kendime hakim olmam için doğru nefes almayı** bilmemin ne kadar önemli olduğunu göstermekti.

Tamam. Ana fikri gayet iyi anlıyordum ama bunun için bu kadar uç bir deneyim yaşamam şart mıydı gerçekten? Görünüşe bakılırsa, evet şarttı. Az sonra, eli kolu gerekli malzemelerle dolu bir eğitmenin yanımıza yaklaştığını gördüm ve daha "durun" demeye fırsat bulamadan, kendimi son derece ağır bir dalgıç kıyafetinin içinde buldum. Çince beynime ne kadar yabancıysa bütün bu aletler de ellerime o kadar yabancıydı. Stresten beynim uyuşmuştu, eğitmenin açıkladığı kuralları aklımda tutmakta zorlanıyordum. Özellikle su altında iletişim kurmak için yapmamız gereken işaretleri hatırlayabileceğimden hiç emin değildim. Claude bir deniz kızı gibi süzüleceğimi zannettiyse, fena hâlde yanılmıştı! Zarafet ve çeviklik konusunda daha çok, çölde büyümüş bir deniz filine benzediğim söylenebilirdi. Yüzümün görüntüsüne gelince, ağzımın şeklini tamamen bozan regülatör ve diken diken olmuş saçlarımla, o çizgi filmdeki güzel deniz kızı Ariel'den çok, yılan saçlı Medusa'ya benziyordum.

Görüntüm Claude'a komik gelmiş olacak ki güldü. Çiğnenen onurumun intikamını almak için ona okkalı bir tekme atmayı denedim ancak su hareketlerimi engelliyordu. Çatılmış kaşlarımı gördüyse de oralı olmadı. İşaretle her şeyin yolunda olup olmadığını sordu. Kızgınlığımı belli etmek için omuzlarımı silktim. Ama birdenbire, eğitmen beni tutup dibe doğru götürdü ve ben kendimi tamamen anı yaşamaya bıraktım. İlk başta o kadar korktum ki kalbim yerinden çıkacakmış gibi atmaya başladı. Kalp atışlarımı normale döndürmek ve hiperventilasyona maruz kalmamak için nefesimi kontrol etmem gerekti. Sonra anladım –daha doğrusu deneyimledim– ki, su altında ilerlemede en önemli faktör nefesti. Başarısız birkaç denemeden sonra işi kıvırmaya başladım. Hatta sonunda ahtapot bile yaptım: Yerçekimsizliğin büyüsüne kapılıp sadece nefesimi kontrol altına alarak, suyun içinde inip çıkmaya başladım! Eğitmenin biraz önce açıkladığı gibi, gerçekten de akciğerlerin hacmini değiştirip bedenimizi daha ağır veya daha hafif hale getirerek, suyun yüzünde batmadan kalabilme kapasitemizi istediğimiz gibi değiştirip değiştiremeyeceğimizi deneyimliyordum. Böylece hiçbir çaba sarf etmeden su altındaki pozisyonumu değiştirebilirdim.

Seansın sonunda kendimi son derece rahat hissediyordum hatta havuzun dibinde taklalar atmaya başlamıştım. Fazla oksijenden olabilirdi, tek kelimeyle mutluluktan uçuyordum!

"Ee, nasıldı?" diye sordu Claude soyunma odasından çıktığımızda.

"Olağanüstüydü! Ama önceden söyleseniz olmaz mıydı?"

Yüzündeki alaycı ifadeyi silmesi için dirsek attım.

"Böyle bir şeyi kaçırsanız gerçekten yazık olurdu!" dedi gülmeye devam ederek. " 'Havuz kızı' olmak size çok yakıştı!"

Alaylarına sinirlendiğimi belirtmek için yüzümü buruşturdum.

"Ne dolap çevirdiğimi söyleseydim gelir miydiniz? Gelmezdiniz, değil mi?"

Evet, gitmezdim.

Binaya girerken kendime ne kadar güvensizsem, çıkarken de kendimle bir o kadar gurur duyuyordum. *Pozitif Olaylar Defteri*ne not edilecek eşsiz bir anım daha olmuştu.

Paris'e dönmek için otobüs beklerken, Claude bir bilanço çıkarmayı önerdi.

"Bu deneyimden çıkarabileceğimiz ders konusunda iki dakika düşünelim isterseniz. Gelecekte stresli bir durum yaşadığınızda, bütün dikkatinizi nefesinize verin ve bugün yaşadığınız sualtı dalış tecrübesini hatırlayın. Suyun altındaki sessizliği, sükunetinizi, nefesinizi kontrol edip heyecanınıza rağmen kendinize hakim oluşunuzu... Hatta stresli olmadığınız normal zamanlarda da nefesinizin daima bilincinde olun. Unutmayın ki doğru nefes almak için havayı içinize çekmek kadar, dışarı vermeyi bilmek de önemli. Nefes verirken ciğerlerinizdeki bütün havayı üflemelisiniz. Böylece ciğerlerinizi yeniden, bütün vücudunuz için yararlı olacak temiz havayla doldurma şansını elde etmiş olursunuz!"

"Gerçekten bunu bilmek lazım."

"Artık biliyorsunuz!"

22

Claude'un öğretileri sayesinde iyice zenginleşmiş, her geçen gün biraz daha kendimin farkında olarak yaşamaya çaba gösteriyordum hatta bunu günlük, sıradan şeylere de uyguluyordum. Dişlerimi fırçalarken veya yemekte lokmalarımı çiğnerken farkındalık içinde olmak benim için çok yeni ve ilginç bir deneyimdi. Ayrıca bu, duyularımı da inanılmaz ölçüde keskinleştirmişti. "Bedeni burada, ruhu başka yerde" sözünün ne anlama geldiğini daha iyi anlıyordum artık. Maalesef, bir insanın hayatını kendinden uzakta, olması gerektiği yerde bulunmadan geçirmesi mümkündü. Oysa hep şimdi ve burada olmak gerekiyordu.

Bir gün önce Claude mesaj göndermiş ve çok hoşuma giden şu sözü yazmıştı:

Şimdi bir hediyedir. Kıymetini bilmek gerekir.*

Farkındalığım arttıkça, çevremdekilerin yeni bakış açıma göre yanlış yolda devam ettiklerini görmeye katlanamıyordum. Bu yüzden bir akşam aniden patladım.

"Ay, hayır Sébastien! Masada telefon istemiyorum! Bu

---

* İngilizcede olduğu gibi Fransızcada da "present" kelimesi, hem "şimdi" hem de "hediye" anlamına gelmektedir. *(ç.n.)*

çok sinir bozucu! Zaten yüzünü zor görüyoruz, üstüne bizimleyken de burada değilsin."

"Tamam, buradayım! Affedersin. Ben sadece, işle ilgili bir konuda acil bir cevap bekliyorum, sinirlenme."

"Ne yediğinin farkında bile değilsin, bil diye söylüyorum."

"İnanmıyorum! Senin kafana bu fikirleri kim sokuyor böyle? Akıl hocan mı?"

Sakin ol. Nefes al. Karşılık verme. Sinirlenme. İyi niyetle yaklaş.

"Kesinlikle! Hatta merak ediyorsan eğer, şu sıralar tam da farkındalık üzerine çalışıyorum! Ve inan bana, hayatın tamamen değişiyor."

"Görmek için sabırsızlanıyorum." dedi alaycı bir tonla.

"Tamam, göreceksin. Zaten ben de yakında sana ilginç bir deneyim yaşatmayı düşünüyordum."

"Ya, öyle mi? Neymiş o?"

"Görürsün!"

Başka hiçbir şey söylemedim. Sürpriz olsun istiyordum.

Claude'un bana uyguladığı yöntemden esinlenerek, Sébastien'e farkındalığın ne demek olduğunu ve bundan nasıl yarar sağlayacağını deneyimleterek anlatabileceğim son derece olağandışı bir yer keşfetmiştim Paris'te. Daha şimdiden kendimden çok memnundum ve sürprizimi gördüğünde yüzünün alacağı, bana çok çekici gelen o hafif alaycı ifadeyi düşündükçe içim içime sığmıyordu.

Ancak büyük gün gelip çattığında, kendisini nereye getirdiğimi anlayınca son derece endişelenmiş görünüyordu.

"Aklındaki bu muydu?" diye mırıldandı asık bir suratla.

O kadar ki birden paniğe kapıldım.

Ben baş başa eğlenceli bir akşam geçirmeyi umarken, ya her şey daha başlamadan tam bir fiyaskoya dönerse?

Hayır! Buna izin veremezdim!

Hemen askerin moralini yükseltmeyi denedim:

"Hadi ama Séb., bana güvenebilirsin! Göreceksin, her şey güzel olacak! Çok eğleneceğiz."

Asker hiç ikna olmuş görünmüyordu! Girişte durmuş, bizimle ilgilenecek garsonun gelmesini beklerken, şüpheli gözlerle etrafını inceleyip salonu görmemizi engelleyen ve fuar alanlarındaki korku tünellerinin ağzını hatırlatan koyu siyah perdenin sırrını çözmeye çalışıyordu.

Bizimle ilgilenecek kişi, Vincent, nihayet göründü. Sébastien'in arkasına geçip ellerimi tren yapar gibi omuzlarının üzerine koymamı istedi. O da Sébastien'i ellerinden tuttu ve bizi perdenin arka tarafına geçirdi.

Tamamen karanlığa gömülmüş bir salona girdik. "Tamamen" derken hiç abartmadığımı belirtmeliyim. Siyah tablolarıyla ünlü ressam Soulages bunu görse, kesin "ultra siyah" olarak adlandırırdı. Korkudan ödü patlayan Sébastien'in titrediğini fark edince kıs kıs güldüm.

El yordamıyla sandalyelerimizin arkalığını bulup görme engelliler gibi görmeden yemek yiyeceğimiz masamıza yerleştik. İtiraf etmem gerekirse, başta benim de kendimi pek rahat hissettiğim söylenemezdi. Tek mekânsal referansın etrafımızdaki boğuk sesler olduğu bu zifiri karanlıkta, içimi bir sıkıntı kaplamıştı. Karanlığın ortasında, adeta okyanusun ortasında bir sala tutunmuş gibi masaya yapışmış bir şekilde, iki saat boyunca hiçbir şey görmeden oturmaya tahammül edebilecek miydim?

İçinde bulunduğumuz tuhaf durumun getirdiği şaşkınlıkla birlikte, konuşma aralarındaki sessizlik anlarını, yavaş yavaş, bütün acemiliğimiz ve beceriksizliğimizle, bu yepyeni duyusal dille doldurmaya çalışıyorduk. Ama diğer müşterilerin sohbetlerine ve kahkahalarına bakılırsa, tedirginliğimiz fazla uzun sürmeyecek gibiydi.

Neyse ki ilk yemeğimizin gelmesiyle biraz olsun rahatladık. Görme engelli garsonumuz Vincent bizimle gayet güzel ilgileniyordu ve başlangıç olarak sunduğu yemek oldukça şaşırtıcıydı. Bizim için yepyeni olan bu dünyada, yemekleri damaklarımız kadar gözlerimizin de yerini alan ellerimizle tadıyorduk. Genellikle mütevazı bir kulübe sayılabilecek ağızlarımız, böylece içinde binbir tat tomurcuğu açan gizemli bir lezzet tapınağına dönüşmüştü. Görememek, duyusal algılayıcılarımızın gücünü kat be kat artırmıştı.

"Nasıl? Farkındalığın yediğin yemeğin tadını bile ne kadar etkilediğini görüyor musun?"

"Haklısın, sen kazandın."

"Hiç de fena sürpriz olmadı, değil mi?"

"İtiraf etmeliyim ki hayır. Böyle bir şeyi asla beklemiyordum!"

Sözlerimizin, seslerimizin tınısı bile farklıydı. Birbirimizin yüzünü ve mimiklerini görmeyince, nefeslerimizin ve vurgularımızın titreşimleri daha büyük bir anlam kazanıyordu.

Yemek bir tatsal keşiften diğerine sürüp gitti. Yemeğin yanında tattığımız şarapların eşsiz aromasının yayılan rayihası, yediklerimizin tadını daha da belirginleştiriyordu. Diğer duyularımız saklı kalmış bütün yeteneklerini ortaya koyuyordu şimdi. Normal zamanlarda duyularımızı kapasitelerinin %10'u kadar bile kullanmıyoruz! Aynı beynimiz gibi...

Sonuç olarak, Sébastien mest olmuştu. Büyük bir heyecanla duygularını açıklıyor, yiyeceklerin ve şarapların nüanslarını net olarak betimlemeye çalışıyor, soslarda kullanılan bitki veya baharatların ne olduğunu tahmin etmek için çabalıyordu. Bu farkındalık hali onu düşündüğümden çok daha fazla etkilemişti ve duyuları uyandırma seansı iştahını bir hayli kabartmış görünüyordu.

"Harika bir deneyimdi hayatım, teşekkür ederim! Ama bütün bunların benim aklıma, bir o kadar hoş ve ilginç başka farkındalık deneyimleri getirmesinden korkmuyor musun?" diye sordu ateşli bir sesle. Elim yerine ekmeğimi tutup, şarabımı devirdikten sonra nihayet elimi yakalayabilmişti.

Güldüm.

Ne ima ettiğini gayet iyi anlamıştım ve bence hiç sakıncası yoktu!

23

Sonunda doğru yolu bulduğumu hissediyordum ve kaydetmiş olduğum aşamadan çok memnundum. Ancak bazen son derece yorucu bir coşku, uykularımı bölüp huzurumu kaçıran tuhaf bir esriklik hali de hissetmiyor değildim. Başka bir deyişle, çok stresliydim! Yaşadığım değişim coşkunluğu ruhumu yakıyordu. Fazlasıyla ısınmış sinirlerim her an rezistansları yakabilirdi. Eğer supapları acilen gevşetmezsem, birden infilak edebilirdim. Bu kadar gerginliğe daha fazla dayanmam mümkün değildi. Sonunda Claude'la konuşmaya karar verdim. Claude bu durumu, bende meditasyon ve düzenli kalp atışının yararları konusunda bir duyarlılık uyandırmak için harika bir fırsat olarak değerlendirdiğini belirtti.

"Meditasyonu daha önce biraz denemiştim evet ama gerçekten bana uygun bir şey mi bilmiyorum."

"Böyle söylüyorsunuz ama tıpkı diğer şeyler gibi bunu da yapacaksınız Camille. Daha birkaç hafta öncesine kadar günde on dakika jimnastik yapmak fikri de sizin için imkânsızdı. Yemek yeme tarzınızı değiştirmek de..."

"Evet ama bu defa farklı sanki."

"Kimse sizden doğanızı değiştirmenizi beklemiyor ki. Tek ihtiyacınız, kendinizi daha sakin ve huzurlu hissetmek için günlük hayatınızda birkaç ufak değişiklik yapmak."

"Başarabilenler için harika bir şey olduğuna eminim, tersini iddia etmiyorum ama..."

"Asla, asla demeyin! Bu tür kesin yargılara bir son vermeye ne dersiniz? Kendinize denemek için bir şans vermek istiyor musunuz, istemiyor musunuz?"

Kabul ettim. Birden bu kadar büyüttüğüm için kendimden utanmıştım.

"Endişelenmeyin! Başaracaksınız. Sadece alışmaya bağlı. Hatta sonrasında, bundan vazgeçemeyeceksiniz bile. Son derece ciddi araştırmaların, meditasyonu alışkanlık haline getirmiş kişilerin veya keşişlerin daha sağlıklı olduklarını ve bağışıklık sistemlerinin daha güçlü olduğunu kanıtladığını biliyor muydunuz? Denemeye değer, değil mi?"

"Kesinlikle ancak şu sıralar bunu uygulamaya koymak benim için biraz zor görünüyor."

"Size bir soru soracağım: Böyle sürekli gergin ve stresli olmak hoşunuza gidiyor mu?"

"Kesinlikle hayır!"

"Oysa sükûnete ve kendi içinize dönmeye imkân vermeyen yaşam tarzınıza sımsıkı asılmanıza bakılırsa, düşündüğünüzden daha fazla hoşunuza gidiyor olmalı."

Bütün savunmalarımı yıkmaya çalıştığını anlamıştım.

"Tamam tamam!" diyerek teslim oldum. "Deneyeceğime söz veriyorum."

Gülümseyerek, "Yeteneklerinize güvenim sonsuz." dedi. "Göreceksiniz, bu zannettiğiniz kadar zor bir şey değil. Yapmanız gereken tek şey, hareketsiz ve sessiz kalmaya alışmak ve içinizde olup bitenlere bakmayı öğrenmek.

Başlangıçta, günde iki veya üç kere derin nefes seansları yapın. Dakikada altı kere nefes alıp verin ve bunu beş dakika boyunca tekrarlayın. Beden sadece bu ritimde sakinleşebiliyor. Üstelik her yerde yapmanız mümkün, metroda giderken bile!"

"Göreceğiz."

"Bir de, düzenleyici olarak adlandırdığım başka bir egzersiz daha var. Düzenli kalp atışıyla pozitif canlandırmanın bir arada kullanılmasından oluşuyor."

"Bu iş gittikçe daha karmaşık bir hal almıyor mu sizce de?"

"Hiç de değil! Aslında aynı prensibe dayanıyor. Gün içinde kimsenin gelip sizi rahatsız etmeyeceği bir odaya çekilip kendinize sakin bir ortam yaratıyorsunuz. Rahat bir pozisyonda oturup sırtınızı dikleştiriyor ve yavaş yavaş nefes alıp veriyorsunuz. Sonra elinizi kalbinizin üzerine koyup, kalbinizin her nefes alıp verişinizde şişip boşaldığını gözünüzde canlandırıyorsunuz. Böylece kalp atışlarınız sakin ve düzenli bir hale geldiğinde, üstüne bir de pozitif canlandırma ekliyorsunuz. 'İçinizi ısıtan' güzel bir anınızı gözünüzde canlandırıp, o anıya bağlı duygu ve heyecanları yoğun bir şeklide tekrar yaşıyorsunuz. Kolay, değil mi?"

"Ya gözümün önüne hiçbir anı gelmezse?"

"Başlarda biraz zor olabilir, kabul ediyorum. Ancak yavaş yavaş, içinizde bir **pozitif anı ve fotoğraf kataloğu** oluşturmanızı öneririm size. Zihinsel bir fotoğraf albümü... Ne kadar çok uğraş verirseniz, albümünüz o kadar dolacak ve ihtiyacınız olduğunda ona kolaylıkla ulaşabileceksiniz."

"Ah evet, iyi fikir!"

"Ama sanıyorum şu aşamada sizin için en yararlı olacak şey, bu konuda en yetkin ve gerçek ustayla tanışmak."

"...?"

"Üstad Wu. Sizi ona götüreceğim. Bu ziyaretten sonra her şeyi daha net kavrayacaksınız."

Üstad Wu'nun evine gitmek için kırk beş dakikalık bir araba yolculuğu yapmamız gerekti. Büyük meditasyon ustasıyla tanışmak için sabırsızlanıyordum. Arabanın camından gözümün önünde uzayıp giden kırlara bakarken, gizlice nefes alıp verme ve pozitif canlandırma egzersizleri yapıyordum.

"Yakalandınız Camille!" diye bağırdı birden Claude.

"Ne?"

Yüzünde alaycı bir gülümseme vardı.

"Deminden beri sessizce sizi izliyorum ve antrenman yaptığınızı görebiliyorum!"

"Ve?"

"Bir şey yok! Çok iyi. Devam edin. Siz bana aldırış etmeyin."

Nihayet Üstad Wu'nun evine vardık. Evin bahçesine girerken tekerleklerin altındaki çakıl taşlarının tıkırtısı duyuluyordu. Ağızlarından salyalar akıtarak havlayan, kalın sesli birkaç köpek koşarak yanımıza geldi. Ev sahibesi köpekleri sakin olmaları için uyardı. Derhal itaat ettiler. İsterse, sadece parmaklarını şaklatarak veya ses tonunu yükselterek köpeklere bacaklarımızı ısırtabileceğinden veya elimizi yalatabileceğinden emindim. Ev sahibesinden yayılan özgüvenden çok etkilenmiştim. Claude geleceğimizi önceden haber vermişti. Misafirperver bir gülümsemeyle karşıladı bizi.

"Merhaba Claude. Nasılsın?"

"Çok iyiyim Jacqueline, sen nasılsın? Bizi kabul ettiğin için teşekkür ederim. Seni Camille'le tanıştırayım, bahsetmiştim..."

Hanımağa yanının ötesinde, Jacqueline biraz etli butlu, bebek yüzlü ve şen şakrak bir kadındı. Tuhaf ama hiç böyle birini beklemiyordum. Ben daha çok... Doğulu tipli birini bekliyordum!

"Sizinle tanıştığıma çok memnun oldum Camille. Üstad Wu ile tanışmak istiyorsunuz, öyle mi?" diye sordu muzip bir bakışla.

"Şey... Evet."

"Anlıyorum! Kendisiyle tanışmak isteyen o kadar çok insan var ki! Gelin benimle."

Eski model bir şöminesi olan, kirişleri ortada, geniş camlarından içeriye kış güneşi süzülen büyük, güzel bir salondan geçtik.

"Salonunuza bayıldım."

Ev sahibemiz gülümseyerek teşekkür etti. Görünüşe göre böyle bir iltifat almak kendisini memnun etmişti.

"İşte... Üstad Wu bahçede. Sizi kendisiyle baş başa bırakayım. Ben mutfağa geçiyorum. Birazdan görüşürüz."

Claude önden geçmemi söyledi. Yüzümde cana yakın, sıcak bir gülümsemeyle bakışlarımı bahçede dolaştırdım. Ancak bir süre sonra gülümsemem siliniverdi. Bahçede kimse yoktu. Hayal kırıklığına uğramıştım. Üstad Wu gitmiş olabilir miydi?

Bozulduğumu fark eden Claude:

"İşte orada." dedi.

Ama ben kimseyi görmüyordum.

"Orada Camille." diye eliyle işaret etti.

Parmağıyla gösterdiği yöne doğru baktım. Muhteşem güzellikteki bir İran kedisi nakış işlemeli bir yastığın üzerinde boylu boyunca uzanmış uyuklamaktaydı. Kediden büyük bir haşmet ve sonsuz bir huzur yayılıyordu. Önce büyük bir şaşkınlık geçirdim, bir süre sonra kendime gelip yanımdaki dalgacıya döndüm. Bunun için mi kırk beş dakika yol tepmiştik yani?

"Siz var ya!.." dedim sitem dolu bir sesle.

Yüzünde hem memnuniyet hem de pişmanlık ifadesi vardı. Büyük bir olasılıkla yaptığı şakadan memnun olsa da biraz da utanmıştı.

"Size oynadığım bu küçük oyun için affedin Camille. Ancak kendinizi koyvermeyi ve rahatlamayı öğretmek için Üstad Wu'dan daha iyi bir örnek bulamadım. Meditasyon yapmayı beceremeyeceğinizi düşünüyorsunuz ya, işe günde sadece birkaç dakika **kedi gibi yapmakla** başlayabilirsiniz! Sakin ve huzur dolu bir şekilde, tamamen anı yaşamak konusunda kediler gibisi yok inanın!"

Nasıl bir öfkeyle baktıysam, ortadan yok oldu ve mutfağa gidip Jacqueline'in yanına sığındı.

Üstad Wu ile baş başa kalmıştım. Birkaç dakika boyunca durup sessizce onu izledim ve birden içimi derin bir huzur duygusunun kapladığını hissettim. Rehavetle kuyruğunu sallarken, yavaşlığa övgünün şiirini yazıyor gibiydi. Bu kedi, başlı başına bir *carpe diem* ilahisiydi. Elimi sıcak tüylerine gömüp uzun uzun okşamaya başladığımda, kılını bile kıpırdatmadı.

O an, Claude'a beni buraya getirdiği için daha fazla kızamayacağımı anladım. Tamamen sakinleşmiş bir hâlde mutfağa, yanlarına gittim. Jacqueline'in "bahçeden" topladığını belirttiği nane çayı eşliğinde sohbet etmekteydiler. Claude öfkemin geçip geçmediğini anlamak için yüzüme baktı. Yüzümdeki sessiz teşekkürü görünce rahatladı.

Günü, iyi ki gelmişim dedirtecek kadar lezzetli bir erikli turtayla sonlandırdık.

24

Üstad Wu ile karşılaştığımdan beri, elimden geldiğince sık **kedi gibi yapmaya** çalışıyordum ve bu, sinir uçlarıma inanılmaz iyi geliyordu.

Tuhaf bir şekide, sakinliğim arttıkça yaşam enerjim de artıyordu. Ve yaşam enerjisiyle birlikte –evet, itiraf ediyorum– libidom da artmıştı! Dürüst olmam gerekirse, biraz şaşkındım. Bu yeni dürtülerden rahatsız olmuş, başlarda görmezden gelmeye çalışmıştım. Claude'a bahsetmeye de çekiniyordum. Fazla cüretkâr olduğumu düşünür müydü acaba?

Bir gün, daha fazla dayanamayıp konuyu açtım.

"Nasıl söyleyeceğimi bilemiyorum ama... Son birkaç gündür... Sanki... Libidom arttı gibi ve ben biraz şaşkınım. Bizim değişim programımızla bir ilgisi olabilir mi diye sormak istedim."

Boğazını temizledi, sorum karşısında afallamış görünüyordu ancak yine de cevap verdi:

"Pek şaşırmadım. Evet, pek tabii hayatınızdaki değişikliklerle alakalı bir şey. Harekete geçmek, hayatınızın iplerini elinize almak, fiziksel görünüşünüzü ve zihinsel yapınızı değiştirmek; bütün bunlar olumlu bir enerji yaratıyor. Doğal olarak, cinsel hayatınızı da daha yoğun yaşamaya hazır hale geliyorsunuz. Bu gayet iyi bir şey, değil mi?"

"Evet... Ama neden bilmiyorum, bundan rahatsızlık duyuyorum. Zaten bu yüzden konuyu size açma ihtiyacı duydum."

"Hımm... Anlıyorum. Belki de, şimdiye kadar farkında bile olmadığınız bir yönünüzü keşfettiğiniz için şaşırmışsınızdır. Bir nevi, farklı bir Camille: Daha cüretkâr ve kendi arzularının sorumluluğunu üstlenen bir kadın."

Yüzüm kızardı.

"Şey... Galiba benim hakkımda kötü bir imaj sergilemesinden endişe ediyorum."

"Çok doğal. Bugün bile o eski, mutaassıp eğitim kalıplarının izleri kaybolmuş değil. Binlerce yıl ahlak kuralları ve yasaklarla yoğrulmuş bir cinsellik, ister istemez derin izler bırakıyor! Kadınlar daha yeni yeni cinselliklerini özgürce yaşamaya ve erkekler gibi arzularını dışa vurmaya başlıyorlar. İnsanların yeni erotizm olgusunu kabullenmesinin zamanı geldi bence!"

"Haklısınız, ben de, bendeki bu yeni enerjiyi eşimle olan ilişkime de yansıtmak istiyorum. Teklif eden olmak, ilişkimize yeni bir soluk katmak istiyorum, bilmem anlatabiliyor muyum... Denemeli miyim sizce?"

Claude gözleri ışıl ışıl gülümsedi.

"Mutlaka denemelisiniz. Eşinizin son derece memnun olacağından eminim!"

Oysa ben pek emin değildim.

Yine de denemeye karar verdim. Bütün haftayı eşime bir sürpriz yapmak için gizli gizli hazırlık yaparak geçirdim. Adrien'i bir geceliğine anneme bıraktım. Üzerime, her durum için gayet şık, ne kadar uzun süredir birlikte olursanız olun, bir erkeği heyecanlandırmaya yetecek kadar cesur dekolteli siyah bir gece elbisesi giydim. Ayaklarıma, özel günler için sakladığım, on santim topuklu ayakkabılarımı geçirdim. Sevdiğim adamı güzel bir şekilde karşılamak için buzlu bardaklarda servis edilmeyi bekleyen bir şişe şampanya hazırlamıştım.

Aynaya son bir kez göz attım: Muhteşem görünüyordum! Çok uzun zamandır kendimi bu kadar ince ve güzel, cildim ve gözlerim ışıl ışıl parlarken görmemiştim. Sébastien eriyecekti... Kesinlikle eriyecekti...

Eve girdiğinde gözlerinin karanlığa alışması ve beni görmesi birkaç saniyesini aldı. En baştan çıkarıcı gülümsememle baktım. Heykel gibi dondu kaldı. Yüzünden, üzerinde umduğum etkiyi yarattığımı okuduğum bu anın tadını çıkardım: Orada büyük bir şaşkınlık, karmaşa ve merak vardı.

Nihayet!

Derhal, onu yeniden elde etmek için hazırladığım tiyatronun ikinci sahnesine geçtim; salondaki ayaklı lambanın ışığı altında, filmlerdeki gibi bir öpüşme sahnesi... Kollarımı sarmaşık gibi omuzlarına doladım.

Rolüm gereği boğuk ve cüretkar bir sesle, "Bonjour yakışıklı," diye fısıldadım.

Onu böyle şaşkın, neredeyse çekingen görmek çok eğlenceliydi.

"Uuuu, ne karşılama ama!" dedi soluğu kesilerek. "Harika görünüyorsun!" Ona belli etmesem de içimden havalara uçuyordum.

"Henüz hiçbir şey görmediniz!" diye cevap verdim özellikle sizli bizli konuşarak. Kendimi tamamen cazibe tanrıçası rolüme kaptırmıştım.

Gözler kapandı ve kamera yakın plan çekime geçti.

Kendimi şehvet oyununa kaptırıp dudaklarından öpmeye başladım. Bir elim kalçasında, diğeri gömleğinin açık yakasının içinde, yay gibi gerilmiş bedenimi bedenine yapıştırdım. Yaşanacak sahneyi daha şimdiden, uykusuz gecemizin beyaz ekranında canlandırabiliyordum. Ellerimi bacaklarında dolandırmaya başlamıştım ki Sébastien beni durdurdu.

Bir anlam veremedim.

"İyi misin hayatım? Ne var?" diye sordum arzudan boğuklaşmış sesimle.

"Evet, iyiyim, sadece..."

Tam o sırada telefonum çalmaya başladı. Teknolojiye lanet okudum. Neyse! Annem arıyordu.

Adrien'in öksürük şurubunu çantasına koymayı unutmuştum. Bir an suçluluk hissetsem de bir akşamdan bir şey olmayacağını söyledim. Evet, içmese de olurdu. Hayır, nöbetçi eczane aramasına gerek yoktu. Annemi bir kulağımla dinlerken, bir yandan da Sébastien'i inceliyor, nesi olduğunu anlamaya çalışıyordum.

"Hah hah!" diye kıkırdadı annem. "Sesinin tonuna bakılırsa, rahatsız ediyorum galiba! Nasıl, akşamınız iyi geçiyor mu bari?"

Evde neler yaptığımızı tahmin etmeye çalışmasından hiç hoşlanmadım.

"Anne!" diye bağırdım.

Sonra hemen yumuşadım. Eşimle baş başa, sakin bir akşam geçirebiliyorsam, bu onun sayesindeydi. Yani aslında... Fazla sakin bir akşam olmayacağını umuyordum! Her neyse, telefonu kapatmadan önce anneme Adrien'e baktığı için içtenlikle teşekkür ettim.

Sébastien kalkmış, arkası bana dönük bir şekilde pencereden dışarı bakıyordu. Sessizce yaklaştım, arkasından kollarımı beline dolayıp kulağına usulca fısıldadım:

"Söyler misin, sorun ne?"

Cevap vermemek için dönüp boynuma, yanaklarıma, dudaklarıma öpücükler kondurmaya başladı.

"Dur Sébastien, yapma." dedim sakin bir sesle. "Söyle."

Bakışlarını kaçırıyordu. Elimle yüzünü tutup gözlerime bakmaya zorladım.

"Afferdersin Cam., bu çok saçma." dedi nihayet. "Ne olduğunu bilmiyorum. Buradasın, muhteşemsin, inanılmaz seksisin ve ben birden..."

"Sen, ne?"

"Bilmiyorum, kendimi tuhaf hissettim!" Kollarımı çözdüm ve bir adım geri çekildim.

"Tamam anladım. Artık beni sevmiyor musun?"

"..."

Suskunluğu kalbimi kırmıştı ve tepemin atmaya başladığını hissediyordum. Hayal kırıklığı ve öfke içinde, boş şampanya kadehlerini kapıp mutfağa yöneldim. Giderken, ne kadar kızgın olduğumu anlaması için topuklarımı parkeye gürültüyle vurmayı da ihmal etmedim. O an ortalıkta elime geçen ne varsa, dolap ve çekmeceleri çarpa çarpa, toplayıp kaldırdım.

Sessizce yaklaştı. Ben ne kadar deliler gibi sağa sola saldırıyorsam, o da o kadar sakindi. Üzgün ve pişman görünüyordu. Daha fazla tahammül edemeyecektim, gelip önüne dikildim.

"Ne var? Konuşsana! Sorun ne?"

Dudaklarını kıpırdatıp duruyor, dilinin altındaki baklayı bir türlü çıkaramıyordu.

Birden patlayıverdi.

"Çok aptalım, evet, aptalım ben, özür dilerim! Sen bir süredir çok değiştin, sen çok... Ve ben..."

Şimdi, sanki kelimelerini seçmeye çalışır gibi, el kol hareketleri yaparak, salonda aşağı yukarı dolaşma sırası ona gelmişti.

Onu böyle debelenirken görünce yumuşayıverdim. Yaklaştım, başını ellerimin arasına aldım.

"Sen ne?" diye sordum sakin bir sesle.

"Ben... Sanırım korkuyorum."

"Korkuyor musun?!"

"Evet, korkuyorum. Hayatındaki bütün bu değişimler... Alışkanlıklarını değiştirmen, ilerlemen, kişiliğini ortaya koyma cesaretin..."

"Eee, ne var bunda? Bunlar çok olumlu şeyler değil mi?"

"Evet... Olumlu tabii ama..."

Derdi her neyse bir türlü söyleyemiyordu. Büyük ihtimalle vereceğim tepkiden korkuyordu.

"Ama ne, Sébastien?"

"Peki ya ben de senin istediğin gibi değişemezsem? Yeni Camille'e ayak uyduramazsam?"

Derdi bu muydu yani? Asla tahmin edemezdim! Duygulanmıştım. Güven dolu bir bakışla, gözlerimi gözlerine dikip sevgiyle gülümsedim.

"Böyle bir şey mümkün değil! Nereden çıkarıyorsun bunları? Seni seviyorum Sébastien, hem de çok seviyorum. Ve bütün bu değişimleri biraz da senin için yapıyorum, benimle gurur duyman ve beni daima sevmen için!"

"..."

Cevap olarak, dudaklarını dudaklarıma yaklaştırdı ve iç gıcıklayıcı uzun bir öpücükle bütün endişelerimi silip attı. Bu defa hiç kimse ve hiçbir şey aramıza giremedi.

25

O geceden sonra evin atmosferi tamamen değişti. Külleri yeniden canlanan aşkımızın üzerinde, alevleri coşturup dalgalandıran sıcak suç ortaklığı rüzgârları esiyordu. Oğluma gelince, artık olur olmaz şeyler yüzünden strese girmeyi bırakmak için Claude'un tavsiyelerini uygulamaya karar vermiştim: Mükemmeliyetçi olmaktan vazgeçip her şeyi dert etmeyecektim! Kısacası gündelik işleri yaparken kasmayıp daha hafif olmaya çalışacaktım. Claude bir gün gülerek, "İn o çarmıhtan, odun lazım." demişti. Sinir krizi geçirmek üzere olan anne rolünden vazgeçip bazı şeyleri değiştirmem gerektiğini anlatmaya çalışıyordu.

İşe Adrien'in dünyasına daha fazla ilgi göstermekle başladım. Ona belli etmeden, futbolla ilgili sitelere girip son zamanlarda futbol dünyasında olup bitenleri okudum. Hatta önemli futbolcuların isimlerini, futbolun belli başlı kurallarını dahi öğrendim. Bir sonraki maç akşamı, benim için her zamanki gibi sıkıcı ve boş bir akşam olmak yerine, son derece eğlenceli geçti. Futbol bilgim karşısında yüzlerinde beliren şaşkınlık görülmeye değerdi! Böyle olunca, maç boyunca Adrien babasıyla olduğu kadar benimle de konuşmaya başladı. İkide bir, "Hareketi gördün mü anne?" diye bağırıp erkek erkek dürtüyordu. Ve tuttuğu takım ilk golü atınca, kendini

"Goool!" diye bağırarak benim kollarıma attı. O akşam hiç kuşkusuz ben de pek çok puan toplamıştım.

Onun sevdiği müziğe ilgi göstermek için en sevdiği şarkıları dinlemeye başladım. Bruno Mars, Ariana Grande, Nicki Minaj, Jason Derulo, David Guetta... Söylediği şarkının sözlerini kendisiyle aynı anda mırıldandığımı duyduğu ilk gün kulaklarına inanamadı, gözlerinde saygı ve hayranlık karışımı bir ifadeyle dondu kaldı.

Yaklaşımım ilişkimizin rengini tamamen değiştirmişti. Diyalog kapısı yeniden açılmıştı. Bundan aldığım cesaretle ödev sorununu dillendirmeyi denedim.

"Dinle Adrien, ev ödevleri yüzünden sinirlenip sana bağırmaktan ve sürekli seninle tartışmaktan nefret ediyorum. Kendimi çok kötü hissediyorum. Ben bu durumun değişmesini istiyorum. Sen de istiyor musun?"

Başını evet anlamında salladı.

"Ödev yapmak sana bazen neden bu kadar zor geliyor, söyleyebilir misin?" Düşünmeye başladı. Soruma cevap vermek için kullanacağı kelimeleri ciddi ciddi düşündüğünü görünce duygulandım.

"Bilmiyorum. Ödev yapmak çok sıkıcı. Hem sonra, öğretmen çok ödev veriyor. Bir de, özellikle ödev yaparken sen o kadar sinirli oluyorsun ki strese giriyorum. Hata yapmaktan ve senin beni azarlamandan korkuyorum. Öyle olunca da ödev yapmak istemiyorum."

Afallamıştım. Claude'un tavsiye ettiği yöntemi uygulamayı denedim: Karşınızdakini suçlamaktan vazgeçmek ve "ben" demek, kendi duygularınızdan bahsetmek gerek.

"Sinirlendiğimde, aslında bunu senin için endişe duyduğum için yapıyorum." diyerek açıklamaya başladım. "Senin geleceğini düşünüyorum ve eğitimini yeterince ciddiye almamandan korkuyorum. Derslerine çalışman, okulda başarılı olman ve geleceğin o kadar önemli ki! Büyüdüğünde iyi bir yaşamın olsun istiyorum."

"Biliyorum anne. Ama biraz fazla endişeleniyorsun! Bana yeterince güvenmiyorsun."

"Belki de," dedim gülümseyerek. "Sadece, iyi bir anne olmaya çalışıyorum."

"Yapma! Sen harika bir annesin!"

"Öyle mi dersin?"

"İnan ki..." diyerek afacan bir gülüşle elimi tuttu.

Kalbim minnetle doldu. Claude'un bana pozitif pedagoji hakkında verdiği yöntemleri düşündüm.

"Ödev yapma biçimimizi mi değiştirsek?" diye öneride bulundum.

"Nasıl?"

"Bakalım... Ödevleri daha eğlenceli bir hale getirmeyi deneyebiliriz mesela."

"Bence bu iyi bir fikir!"

"Çak o zaman!"

Üç farklı şekilde çaktıktan sonra birbirimize sımsıkı sarıldık. Başını boynuma gömüp "Seni seviyorum anne." diye mırıldandı.

Daha da sıkı sarıldım.

"Ben de seni seviyorum tatlım."

Böylece daha az geleneksel ama çok daha eğlenceli bir eğitim yöntemi geliştirdim.

Örneğin sözlüler için *1, 2, 3 don* oyununu kullanıyordum: Her doğru cevapta masaya bir adım yaklaşıyor, yanlış cevap verdiğinde ise iki adım geriliyordu veya dersleri şarkı şeklinde ezberliyordu. Bu yöntem sayesinde Adrien, sadece eskiden olduğundan üç kat hızlı ezberlemekle kalmıyor, deli gibi de eğleniyordu.

Aynı yöntemi mutfak ve masa hazırlama angaryalarına da uyguladım. Bir türlü gelmek bilmeyen yardım için elli kere avaz avaz bağırıp çağırmak yerine, Adrien'i motive edecek bir fikir buldum: Birlikte hayali bir restoran açacaktık ve kendisi de restoranın aşçıbaşısı olacaktı. Öyle büyük bir zevkle işe girişti ki gözlerime inanamadım.

Rolünü ciddiye alıp kendi başına; Hint usulü, yedi çeşit baharatla tatlandırılmış, son derece ilginç bir köfte tarifi bile yarattı. Ben etleri küp şeklinde doğradım; o, robotta kıyma haline getirdi. Ben sarımsakları soydum; o, kuru ekmeği havanda dövüp ev yapımı galeta unu hazırladı. Ekranlardan başka bir şeyle oynamayı bilmeyen oğlum, el becerisi gerektiren işlerden de büyük bir keyif alıyordu! Son aşamada, köfteleri önce yumurtaya sonra susam tanelerine bulama kısmında ağzı tamamen kulaklarındaydı. Gözümün önüne beş yıl önce, çocuk olmanın getirdiği büyülenmişlikle oyun hamurlarıyla oynarkenki hali geldi. Mutfaktaki bu yoğun yaratım süresince pek konuşmadık ama karşılıklı gülüşmelerimiz ve senkronize hareketlerimiz o an tam bir uyum içinde olduğumuzun kanıtıydı. Michelin yıldızlı bir aşçı olarak, bana yani çırağına emirler yağdırıyordu. Bulduğum yöntemin işe yaramasından memnun, hiç sesimi çıkarmadan çırak rolüne razı oluyordum.

Bütün bu değişiklikler, bundan böyle girişmek istediğim, daha büyük çaplı bir iş için ihtiyacım olan zamanı ve enerjiyi bulmamı sağladı. Yeni bir iş kuracaktım, kararımı vermiştim; satış alanında çalışmaya devam etmek istemiyordum.

Ben hayalimdeki işi yapacaktım: Çocuk giysileri çizip üretecektim.

Claude'un da sık sık söylediği gibi, yaşam projemi kendi kişiliğimle ve kendi değerlerimle birleştirmemin zamanı gelmişti.

İlk olarak, konu hakkında biraz araştırma yapmakla işe başladım. Gerçekten istediğim şey, bir bayilik almaktan ziyade kendi stilimi ve markamı yaratmaktı. Ancak kısa bir süre sonra gerçeği kabullenmek zorunda kaldım. Çocuk hazır giyim sektörü fazlasıyla kalabalıktı ve iş yapma imkânı oldukça azdı.

Kesin olan bir şey daha vardı: İnsanlar ekonomik kriz yüzünden, dünya kadar para verip bir ay sonra küçülecek bebek giysileri almak istemiyorlardı.

O hâlde neye yönelmeliydim?

Sonunda ilham, "googlestorming" yaparken geldi. Yine Claude'un bahsettiği, beyin fırtınası yönteminden esinlenilmiş, internetten fikir toplamaya dayalı bir yaratıcılık tekniği...

İşte bu sayede, bir Hollanda markasının önerdiği *fashion leasing* yöntemiyle karşılaştım. Tıpkı ev ve arabalarda olduğu gibi giysileri de bir yıllığına kiralıyorlardı! Müşteriler aylık belli bir abonelik ücreti karşılığında, yıl boyu marka giysiler giyebiliyor, böylece sürdürülebilir kalkınmaya katkıda bulunuyorlardı. Ve sonunda eğer arzu ederlerse, giysiyi satın alabiliyor veya iade ederek bir başkasını kiralayabiliyorlardı.

Heyecanlanmıştım. Neden ben de bu yöntemi bebek giysileri için uygulamayayım?

0-3 yaş grubu giysiler alıp, onlara kendi üretimim olan malzeme ve motifleri ekleyip, her birinden eşsiz ve özel giysiler yaratarak değerlerini artırabilirdim. Bebek tulumları, tişörtler, pantolonlar üreten firmalarla işbirliği yapıp, aldığım giysilere kendi özel çizim parçalarımı ekleyebilirdim. Her bütçeye uygun *haute couture* giyim... Evet! Sonunda bulmuştum işte!

Kafamın içinde düşünceler uçuşmaya başladı. Bütün anne-babalar bebeklerini güzel giydirmeye bayılır. O şeker mi şeker, minyatür bebek giysilerini görüp de çıldırmayan var mıdır acaba? Tek sorun, marka giysilerin çoğu zaman yanına yaklaşılmaz derecede pahalı olmasıydı. Ama benim yaratacağım kiralama sistemi sayesinde, miniklerinin gardıroplarını istedikleri kadar yenileme imkânı bulabileceklerdi! Kafadan kabaca bir hesap yaptım; her bir giysi için aylık, aşağı yukarı beş euroluk bir kira ücreti belirleyebilirdim.

Projemi iyice somutlaştırmak için canla başla çalışmaya başladım. Projeme destek isteyeceğim çeşitli şirket ve kurumlara sunmak üzere ilk modellerimi yarattım.

Claude'un tavsiyesi üzerine, yaratıcı projelere kaynak ve destek sağlayan bir kuruluşla irtibata geçtim ve oldukça sağlam bir tanıtım dosyası hazırlayıp sundum. Sonra da projemin komiteden onay alması için dua etmeye başladım.

İşler umut verici bir şekilde ilerliyordu. On beş gün sonra destek kuruluşundan olumlu cevap geldiğinde, neredeyse mutluluktan diz çöküp ağlayacaktım! Sébastien, bütün haklı endişelerine rağmen bana destek olacağını açıklamıştı. Geriye sadece bu "iyi" haberi anneme vermek kalmıştı. Elbette bu fikir bana hiç cazip gelmiyordu. Onun için dünyada bir insanın sahip olabileceği en iyi iş, sabit gelirli bir işti. Kendisini sanki ben doğurmuşum gibi –evet, o beni değil, ben onu– hayatımdaki karışıklıklardan ona bahsetmeye çekiniyordum.

26

İçinde büyüdüğüm küçük apartman dairesinin kapısını heyecan ve korku karışımı bir duyguyla çaldım. Annem kapıyı yüzünde büyük bir gülümsemeyle açtı ve beni kollarına alıp sımsıkı kucakladı. Aklım birazdan kendisine vereceğim haberle ve buna nasıl tepki vereceğiyle meşguldü. Birkaç saniye sonra bu canım-cicim havasının yok olacağını biliyordum.

"Geç otur canım. Hemen geliyorum. Sana et sote pişirdim de, ne durumda olduğuna bir bakacağım."

"Anne! Yine bir sürü zahmet etmişsin! Ben sana basit bir şeyler hazırlamanı söylemiştim ya."

"Önemli bir şey değil canım, inan büyük zevkle yaptım."

Israr etmedim. Her zamanki gibi.

Oturma odasındaki koltuğa yerleşip bacak bacak üstüne attım. Sıkışan kalbim, bir New York seyahatinden hediye olarak getirilmiş duvardaki saatin tik taklarıyla aynı anda atıyordu.

Kız kıza bir akşam geçirecek olmamızdan son derece mutlu olan annem, neşeyle yanıma geldi.

"İşte geldim! Şimdi rahat rahat konuşabiliriz!"

Boğazımı temizledim. Beni rahatsız eden bir şeyler olduğunu hissetti ve birden yüzü gölgelendi.

"İyi misin canım? Tuhaf görünüyorsun."

"Şey... Sana önemli bir haberim var."

"Aman Tanrım! Sébastien'i terk mi ediyorsun yoksa?"

"Yok anne, tabii ki hayır."

"Öyleyse o seni terk ediyor?"

"Anne!" diye tersledim. "Neden sürekli kendi korkularını bana yansıtıyorsun?" Yüzü endişeyle kasıldı.

"Sana kendi korkularımı yansıtmıyorum canım. Hayatın gerçeği bu. Bak işte, babanın bize yaptığı da..."

"Anne, o *senin* hikâyen! Babamın seni terk etmesi, benim başıma da aynı şeylerin geleceği anlamına gelmez ki!"

"Haklısın, affedersin... Eee, neymiş bakalım bu önemli haber? Anladım! Hamilesin!"

Neden her seferinde bu konuyu açma gereği duyuyordu acaba? Neden başka çocuk yapmama kararıma saygı duymuyordu?

"..."

"Hamile değil misin? Tamam... Haydi söyle bakalım!" dedi elimi tutarak.

"İşten ayrılıyorum." der demez elini çekti.

"Doğru olamaz!"

"Evet anne, doğru. Bir süre önce olağanüstü bir adamla tanıştım."

"Sébastien'i aldatıyorsun, öyle mi?" dedi öfkeyle.

"Anne! Sürekli sözümü kesmekten vazgeçersen anlatacağım! Sébastien'i aldattığım falan yok! Tanıştığım kişi, hayatımı gözden geçirip kaybettiğim mutluluğu tekrar bulmam için bir süredir bana yardımcı oluyor."

"Kaybettiğin mi? Mutlu olduğunu zannediyordum! Neden daha önce hiç bahsetmedin bundan? Çalışıyorsun, seni seven bir kocan ve harika bir çocuğun var. Hiçbir şey anlamıyorum."

"Evet anne, bütün bunlara sahip olduğumu ben de biliyorum. Ben de mutlu olduğumu zannediyordum. Ancak bir sabah uyandığımda içimde koca bir boşluk ve ruhumda korkunç bir bunalma hissettim. Claude sayesinde hayatımın anlamını yeniden keşfediyorum."

"Claude? İsmi Claude mu? Ne iş yapıyor bu adam?"

"O bir... Rutinolog."

"..."

"Rutinoloji yeni ve çok etkili bir kişisel gelişim akımı." diye açıklamaya çalıştım.

"Bu da neyin nesi?" diye tepki gösterdi hemen. "Bu tür şeylere kanmamak gerektiğini bilmiyor musun? Ortalıkta bir sürü şarlatan dolaşıyor! İnsanları, hayallerini gerçekleştirmek ve daha iyi bir yaşam kurmak vaadiyle kandırıp tuzağa düşürüyorlar."

Bunun böyle olacağını biliyordum.

"Anne! Kesinlikle öyle bir şey değil! Küçük bir çocukmuşum gibi davranmaktan ve sürekli benim için endişelenmekten vazgeçer misin lütfen? Ben ne yaptığımı gayet iyi biliyorum."

"..."

Al işte, şimdi de konuşmuyor. Bu kadın beni çıldırtıyor bazen.

"Anne, nihayet hayalimi gerçekleştirebileceğim: Çocuk modası alanında çalışmak için bir proje geliştirdim."

"Dünya kadar çocuk giyim mağazası olduğunun ve bu işin yürümeyeceğinin farkında değilsin galiba?"

Şaşkınlıkla kaygı arasında bocalıyor gibiydi.

"Evet ama ben son derece orijinal ve bugüne kadar kimsenin gerçekleştirmediği bir konsept buldum! *Leasing*'in ne olduğunu biliyor musun?"

"*Leasing* mi? Hayır."

"Son derece pratik, ekonomik ve ekolojik bir kiralama sistemi ancak isteyen satın alabiliyor da. Otomobil ve oyuncak sektörlerinde oldukça yaygın olan bir sistem. Son zamanlarda, ekonomik kriz nedeniyle insanlar lüks bebek giysileri satın almıyorlar çünkü çok kısa süre kullanacakları bir giysiye o kadar para vermek istemiyorlar. Ancak ben, aylık beş veya on beş euro karşılığı onlara bu giysileri kiralama olanağı vereceğim. Eminim ki bu iş çok tutacak!"

Büyük bir coşkuyla konuşuyordum. Ama görünüşe bakılırsa annem benim heyecanımı paylaşmaktan çok uzaktı.

"Bunun için mi işten çıkıyorsun yani? Hayatım boyunca, sana ekonomik güvenceye sahip olmanın ne kadar önemli olduğunu öğretmeye çalıştım. Eğer bu iş yürümezse, aile düzeninin tehlikeye gireceğinin ve Adrien'e sunduğun ekonomik şartların bozulacağının farkında mısın?"

"Neden her zaman kötü düşünmek zorundasın? Benim, senden bana güvendiğini duymaya ihtiyacım var anne! Kendi korkuların ve karamsar fikirlerinle moralimi altüst etmene değil!"

"Sébastien bu konuda ne düşünüyor peki?"

"Beni destekliyor. Başlarda nasıl idare edebileceğimizi görmek için hesap kitap yaptık."

"Büyük risk! Çok büyük risk!"

"Evet ama hayat da bir risk zaten! Bu projenin benim için hayati önemi olduğunu anlamanı istiyorum. Yeniden yaşadığımı, nihayet kendim olduğumu hissediyorum!"

"..."

Duvara konuşsam daha iyiydi!

"Neyse, ben artık gideyim. Gördüğüm kadarıyla henüz bu fikri kabullenmeye hazır değilsin."

"..."

Kalmam için ısrar etmedi. Dayak yemiş gibi bir hali vardı!

Kendimi sokağa attım ve birden içim çelişkilerle dolmaya başladı. Üzgündüm çünkü kendi annem beni anlamaktan acizdi. Sinirliydim çünkü bana ve bu işi kotaracağıma güveni yoktu. Öte yandan rahatlamıştım da, çünkü sonunda kendim gibi olabilmiş, kendi kişiliğime ve hayallerime sadık kalmıştım. Nihayet sürekli başkalarını "mutlu etmekten" vazgeçmiştim. Annemin benim için hayal ettiği hayatı yaşamak yerine, kendi istediğim hayatı yaşamaya cesaret ediyordum. Ancak yine de kendimi tam anlamıyla iyi hissettiğimi söyleyemezdim, içim o kadar da rahat değildi. Yeni iş projesi beni çok heyecanlandırıyordu ama ya başaramazsam? Ya annem beni uyarmakta haklıysa? Bu düşünceler mutluluğuma gölge düşürüyordu. Claude'la konuşma ihtiyacı duydum. Onun bu konuda ne düşündüğünü öğrenmek için sabırsızlanıyordum.

27

Claude bana yine, şekil ve içerik bakımından hiç beklenmedik ancak verdiği ders açısından son derece zengin randevularından birini vermişti. Bu defa randevu yerini gayet iyi tanıyordum: Louvre Müzesi. Bununla birlikte, beni buraya neden getirdiğini bilmiyordum ve müzenin sayısız galerilerinde gezinirken, sihirbaz şapkasından yine ne çıkaracağını çok merak ediyordum. Bu arada kendisine annemle aramızda geçen konuşmayı anlatıyordum. Ancak onu daha önce hiç görmediğim kadar mesafeli buldum. Ne düşünüyordu? Beni gerçekten dinliyor muydu? Ona duygularımı anlatmaya, annemin davranışının beni ne kadar yaraladığını açıklamaya çalışıyordum ama o istifini bile bozmadan, sakin sakin, tablolara bakarak yürümeye devam ediyordu.

"Claude, beni dinlemiyorsunuz!" dedim sabırsızlıkla. Benim içimde fırtınalar koparken onun böyle ilgisiz kalması sinirimi bozmuştu. Sonuçta Louvre'a gelmemi isteyen kendisiydi! Madem yokmuşum gibi davranacaktı, o hâlde beni neden buraya çağırmıştı?

Hiç konuşmadan, parmağını dudaklarının üzerine koyarak susmamı işaret etti.

Öfkeden patlamak üzereydim. Bu arada adımlarını

hızlandırdı ve *Mona Lisa*'nın tapınağına vardığımızda, yüzünde duruma cuk oturan gizemli bir gülümsemeyle, beni Büyük Usta'nın, Leonardo da Vinci'nin eserlerinin olduğu salona soktu. Yine tek kelime bile etmeden, onun şaheseri olan, *Meryem ve Çocuk İsa Azize Anne ile* adlı tablonun karşısındaki banka oturttu. Orada uzun bir süre, tabloya bakarak sessizce oturduk. "Ne görüyorsunuz Camille?" diye sordu sonunda.

Şaşkınlıkla, ne ifade ettiğini anlamaya çalışarak, gözlerimi tabloda gezdirdim.

"Şey… Meryem, çocuk İsa'yı kucağına almaya çalışıyor ama aynı zamanda çocuk ondan kurtulmaya çalışıyor gibi. Sanki annesinin yumuşak kucağından çok, yakalamaya çalıştığı kuzuyla daha ilgili. Azize Anne'ye gelince, hem mesafeli hem de çok iyilik dolu görünüyor."

Claude gülümsedi.

"Camille, aslında sizi buraya, bu tabloyu göstermek ve onun benim gözümde anne-çocuk ilişkisine dair ne ifade ettiğini açıklamak için getirdim."

Anne-çocuk ilişkisi... Bir an aklıma, kafasını boynuma sokup "Seni seviyorum anne." diyen Adrien'in görüntüsü geldi ve aynı anda onun sıcak bedenini tenimde hissettim. Sonra kendimi, annemin oturma odasında, ona işle ilgili planlarımı anlatıp onun bitmek bilmez itirazlarını dinlerken gördüm.

Claude, "Kuzu, kurbanı temsil ediyor." diye sözlerine devam etti. "İsa'nın kuzuyu kollarına almak istemesi, kendisinin ölümle sonuçlanacak alın yazısına razı olduğunu gösteriyor. Bir anne olarak Meryem, onu bu karanlık yazgıdan uzaklaştırmaya çalışıyor. Azize Anne ise ağırbaşlılıkla, müdahale etmeden duruyor ve bu da onun torununun kaderini kabullendiği anlamına geliyor."

Daha birkaç dakika önce, benim gözümde sadece güzel bir pastoral sahneden ibaret olan tablo hakkındaki son derece aydınlatıcı bu analiz karşısında, şaşkınlıktan ağzım açık kalmıştı. Sözlerinin bir kelimesini dahi kaçırmadan dinleyerek tabloya daha farklı bir gözle bakıyor, devamını duymak için sabırsızlanıyordum.

"Her anne çocuğu için endişe duyar ve onu acıdan korumak için elinden gelen her şeyi yapar. Ama bu bazen kendi hayatını ve kaderini yaşaması gereken çocuk için büyük bir engel teşkil edebilir. Şimdiye kadar hep annenizin onayını almak için yaşadınız. Annenizi mutlu etmek ve onu hayal kırıklığına uğratmamak adına kendi isteklerinizi duymazdan geldiniz. Sanki yıllardır ayağınıza küçük gelen ayakkabılarla dolaşmak gibi bir şey bu. Ve siz kendi yolunuzu çizmeye karar verdiğinizi söylediğinizde, anneniz doğal olarak korkuya kapıldı. Ancak onun korkularını üzerinize almadan kendisine bırakmayı öğrenmeniz ve kendinize güvenip yolunuzu çizmeniz gerekiyor. İnanın, sizi mutlu ve huzurlu gördüğünde, o da sizin adınıza çok sevinecek!"

"Umarım Claude, umarım öyle olur..."

Ona bunu söylerken, bir yandan da Adrien için nasıl bir anne olduğumu sorguluyordum. Acaba her şeyi gerektiği gibi yapabiliyor muydum? Onun kendi kapasitesini en iyi şekilde gerçekleştirmesine imkân sağlamak için gereken doğru davranışları sergiliyor muydum? Şimdi henüz küçüktü, küçük bir çocuğun istek ve ihtiyaçlarına sahipti. Peki ya büyüdüğünde? Büyüyüp, kendi seçimlerini yapıp, kendi yolunu çizmesi gerektiğinde? Annemin bana yaptığının aksine, kendi beklentilerimi yansıtmadan hayat yolunda ona eşlik etmeyi becerebilecek miydim? İsteklerine kulak verip kendini gerçekleştirmesine yardım edebilecek miydim? Çocuklarımız için hep her şeyin en iyisini yaptığımızı zannediyoruz, oysa bazen korkularımız hatta sevgimiz gözümüzü kör edebiliyor.

Claude beni düşüncelerimle baş başa bırakmak istermiş gibi susmuştu. Tekrar tüm dikkatimle kendisini dinlemeye hazır olduğumu belli etmek için gülümsedim.

"Camille, şu an anneniz hayatınızda yapacağınız böyle bir değişikliğin size mutsuzluk getirmesinden korkuyor. Oysa bir zaman sonra sizin için asıl mutsuzluğun böyle yaşamaya devam etmek olduğunu anlayacaktır. Hayatta başarısız olmaktan çok daha kötü bir şey var ki o da hiç denememiş olmak! Üstelik hayatta başımıza gelecek bütün olumsuzluklara karşı önlem alabilmemiz mümkün değil."

Evet, kaçmaya çalışmak imkânsız. Hayatta beyaz ekmek kadar, kara ekmek yemek de var. Herkesin bu varoluş kuralını bilip olduğu gibi kabul etmesi gerekir! Aksi takdirde, sadece mutsuzluğumuzu artırırız. Bu nedenle, bilge kişiler ellerinde olmayan, dış etkenlerden kaynaklanan olayları değiştirmeye çalışmak yerine, olaylara karşı kendi yaklaşımlarını değiştirmeye çalışırlar.

Sözleri, çöl sıcağında içilen bir bardak soğuk su gibi içimi ferahlatmıştı. Hem kendime çizdiğim yepyeni yolda ilerleme konusundaki kararlılığımı perçinliyor hem de ileride, oğlum büyüyüp kendi geleceğiyle ilgili önemli kararlar alma yaşına geldiğinde, yapmam ve yapmamam gerekenler konusunda düşünmemi sağlıyordu. Bu yüzden, bir hayli kalabalık ve gürültücü yabancı bir turist grubu bulunduğumuz salona girip büyüleyici sohbetimizi böldüğünde, memnuniyetsizliğimi belirtip söylenmekten kendimi alamadım.

Claude ise, hiç istifini bozmadan gülümsemeye devam ediyordu. Hiçbir şey mi sinirini bozmazdı bu adamın?

Açıklamalarına devam ederek, beni başka bir salona doğru sürükledi:

"Bakın, dış etkenler sizin üzerinizde ne kadar etkili. Mutluluğunuzu onlara bırakıyorsunuz. Gerçek şu ki hayatta her zaman olayların akışını değiştiremezsiniz ve böyle devam ederseniz, hayatınızın sonuna kadar, denize düşmüş bir mantar tıpa gibi, dalgaların iniş çıkışlarıyla bir o yana bir bu yana savrulup durursunuz. Bilge bir insan için dışarıda ne denli büyük fırtınalar koparsa kopsun, içerisi daima sakindir. İşin sırrı, zihninizin kontrolünü elinize almakta ve başınıza gelecek en kötü olayları dahi en iyi şekilde yaşamaya karar vermekte. Her kötü olayın olumlu yönünü görmek gerekiyor. Yaşama böyle yaklaştığınızda, her şeyin çok daha farklı olacağını göreceksiniz."

"Evet, ama işte... İnsanın düşüncelerini kontrol etmesi o kadar da kolay değil! Olaylara her zaman mantıklı tepkiler veremiyoruz. Ben mesela günlerdir kuşku içindeyim, yeni iş projem hakkında hiçbir şeyden emin olamıyorum. Korkularım var. Yapmakta olduğum şey o kadar riskli ki! Üstelik karşı çıkan bir tek annem de değil. En yakın arkadaşım ve dayım da böyle bir kriz döneminde, geleceği bu kadar şüpheli bir işe kalkışmamın delilik olduğunu söylüyorlar! Bazen her şeyden vazgeçsem mi diye düşünmüyor değilim."

Claude beni kollarımdan tutup, karanlıktan korkan küçük bir kız çocuğuyla konuşur gibi sımsıcak ve güven dolu bir sesle konuştu.

"Pekâlâ Camille, her şeyden önce, 'Korkuyorum' demek yerine 'Çok heyecanlıyım' demeye ne dersiniz? Genellikle çok işe yarar. Oscar Wilde der ki, '*Büyük hayaller kurmak akıllıca bir davranıştır çünkü böylece hayallerinizin peşinden giderken onları rahatlıkla takip edebilir, gözden kaybetmezsiniz.*' Bu işe cesaret etmekle doğru kararı verdiniz. İçinizi rahatlatıp kendinize güveninizi artıracak küçük bir hikâye anlatayım size:

Kurbağalar diyarında her yıl bir yarış düzenlenirmiş ve

yarışın her yıl farklı bir amacı olurmuş. Bir seferinde, yarışın amacı antik bir kulenin zirvesine tırmanmak olarak belirlenmiş. Göldeki bütün kurbağalar yarışı izlemek üzere bir araya toplanmışlar. Yarış başlamış. İzleyici olarak gelen kurbağalar, kulenin çok yüksek olduğunu düşünüp yarışmacıların zirveye kadar tırmanmalarının imkânsız olduğuna karar vermişler. Her biri yüksek sesle konuşmaya başlamış:

'İmkânsız! Asla başaramazlar!'

'Bu fizikle altından kalkmaları mümkün değil!'

'Zirveye varmadan susuzluktan kaskatı kuruyacaklar!'

Bunları duyan yarışmacılar cesaretlerini kaybedip birer birer yarıştan çekilmeye başlamışlar. İçlerinden sadece birkaç tanesi yılmadan tırmanmaya devam ediyormuş. İzleyiciler durmadan konuşuyorlarmış: 'Uğraşmaya bile değmez gerçekten! Kimsenin bunu başarması mümkün değil. Bak, zaten hemen hepsi yarışı bıraktı!'

Kalan son birkaç yarışmacı da vazgeçip yarıştan çekilmiş. Ancak içlerinden sadece bir tanesi, her şeye rağmen kuleye tırmanmaya devam etmiş. Tek başına ve olağanüstü bir çabayla zirveye ulaşmış.

Zirveye çıkan kurbağayı büyük bir şaşkınlıkla izleyen diğerleri, onun bunu nasıl başardığını merak etmişler. İçlerinden biri yanına yaklaşıp yarışı nasıl kazandığını sormuş. Ve o an fark etmiş ki yarışı kazanan kurbağa... Sağırmış!

Diğerlerinin görüşlerinin sizi etkilememesine dikkat edin Camille. Asla kimseyi dinlemeyin. Kimsenin cesaretinizi kırmasına izin vermeyin. Bazen, sizi en çok seven insanlar bile kendi şüphe ve korkularını size yansıtabilirler. Çevrenizde kirlilik yaratan unsurları tespit edin ve onların kendi negatif, şüpheci ve onaylamaz bakış açılarını size de bulaştırmalarına engel olun."

Claude'un sözleri uzun süre kulaklarımda çınladı durdu ve kararımda son derece etkili oldu. Geri adım atamazdım, daha doğrusu atmak istemiyordum. Bu proje benim için büyük bir öneme sahipti ve sonuna kadar gitmem gerektiğini hissediyordum. Kendimi gerçekleştirmeye ihtiyacım vardı. Sonunda –psikolojik olarak– at gözlüklerimi ve kulak tıkaçlarımı takıp yoluma devam etmeye karar verdim.

28

İş yerinde benim için düzenledikleri veda kokteyli sırasında duygularım son derece karışıktı. Bir yandan özgürlüğüme kavuştuğum için büyük bir mutluluk duyuyordum, bir yandan da endişe doluydum. Gerçekten doğru bir karar mı vermiştim? İşten ayrılmam herkesi çok şaşırtmıştı. İş arkadaşlarımın çoğu beni düzenli bir işi ve aile yaşamı olan uslu bir anne olarak görürken, birdenbire olmayacak bir iş projesiyle gözü kara bir girişimciye dönüşüyordum!

Toplantı salonu tıklım tıklım doluydu, zira patronum diğer bölümlerde çalışanları da davet etmişti. Benim veda kokteylim sayesinde çalışanların birbirleriyle kaynaşmasını sağlamayı planlamış, böylece bir taşla iki kuş vurmuştu. Bazıları, işten ayrılmamı –hatta beni bile– zerre kadar umursamadan fındık fıstık tıkınıp bedava şampanyadan faydalanırken, gelip bir selam vermeyi bile akıl etmemişti. Yanıma gelip bir iki laf eden birkaç kişi ise kıskançlıklarını gizlemekte bir hayli zorlanmıştı.

“Böyle bir zamanda giyim mağazası açacaksın, öyle mi? Bir arkadaşım da açmıştı, ancak beş yıl dayanabildi. Bu işten kimse para kazanamıyor artık, herkes bedavaya çalışıyor!”

“Girişimcilik mi? Hmm… Yarın ne olacağını bilmeden yaşamayı seviyorsan olabilir tabii.”

Herkes yeterince öğüt verdikten sonra "İyi şanslar!" dileyip gidiyordu ancak nedense dilekleri kulağa biraz "Çok şükür, kurtulduk!" gibi geliyordu.

Yorumları asabımı bozmuştu. İnsanlar neden her şeyi daima paraya bağlamak zorundaydılar? Bu beni müthiş sinirlendiriyordu. Asgari ücretle çalışmak pahasına bile olsa insanın hayalindeki işi yapması gibisi yoktu ki! Hayatım boyunca o an olduğu kadar yaşadığımı hissetmemiştim ve işte bu, kesinlikle paranın satın alamayacağı bir şeydi!

Neyse ki birkaç kişi gerçekten çok iyi davranmıştı. Özellikle de resepsiyonda çalışan Mélissa bana çok güzel bir buket çiçek hediye etti. Franck da ekipteki bütün çalışanlar adına bir hediye almıştı: Lalique imzalı, olağanüstü güzel, yonca yaprağı şeklinde kristal bir kâğıt ağırlığı. Şaşkınlığımı gizleyemedim.

"Yeni işinde sana şans getirmesi için..." dedi. "Mağazana koyarsın." Kendisine içtenlikle teşekkür edip öptüm. Hiç beklemediğim bu nezaket karşısında afallamıştım.

Patronum yanıma geldiğinde gözlerinden hayranlık ve gıpta okunuyordu.

"Yolunuz açık olsun Camille! Projenizin en iyi şekilde gerçekleşmesini içtenlikle dilerim. Böyle bir maceraya atılmakla büyük cesaret gösteriyorsunuz, özellikle de böyle bir dönemde... Ekonomik kriz yüzünden insanlar her şeyden korkar oldu. Neyse, işler umduğunuz gibi gitmeyecek olursa hiç çekinmeden kapımızı çalabilirsiniz. Yeriniz her zaman hazır olacak."

"Çok teşekkür ederim. Bunu unutmayacağım."

Her ne kadar, asla geri dönmek zorunda kalmamayı umsam da...

Eşyalarımı toplamak fazla uzun sürmedi. İş hayatımın on yılı avuç içi kadar bir kutuya sığmıştı. Tıpkı rüyada gibiydim. Ancak bunun güzel bir rüya mı yoksa bir kâbus mu olduğunu kestiremiyordum.

Bohçam kolumun altında eve doğru yürürken, kendimi kendime yabancılaşmış gibi hissediyordum. İçim birbiriyle çelişen pek çok duyguyla sarsılıyordu: rahatlama, sevinç, özgürlük ve… Panik, endişe, korku.

İstifamı izleyen günlerde projemin finansal boyutunu somutlaştırmak üzere kolları sıvadım. Daha önce, ne kadar sermaye koymam gerektiği konusunda bilgi almıştım. Toplam miktarın en az %30'unu koymam gerekiyordu. Kıyıda köşede ne kadar birikimim varsa topladım ancak istenen miktara ulaşamadım. Elimdeki sermaye, bankaları ikna edip gerekli finansal yardımı vermelerini sağlamaya yetecek miydi?

Yaratıcı projelere kaynak ve destek sağlayan kuruluştakilerin yardımıyla taş gibi bir dosya hazırladım. En azından, ben öyle olduğunu umuyordum. İş planımı oluşturup bankalara karşı atağa geçtim.

İlk randevumun olduğu sabah mideme kramplar giriyordu. Hiç durmadan saate bakıyordum. Ve nihayet randevu saati geldi. Gitmekten başka çarem yoktu. Zaten kemirecek tırnağım da kalmamıştı. Kendime bir **Güç Veren Şarkılar Listesi** hazırlamış, çoşku ve cesaret veren bütün şarkıları kaydetmiştim. İnsanlar boşuna savaşa marş söyleyerek gitmiyordu.

Radiohead'den bangır bangır *No surprises* şarkısını dinliyordum. Bence bu şarkıyla herkes kendi kaderini yazabilirdi. Yolda yürürken, herkesten ne kadar farklı olduğumu düşünüp kendi *başarı hikâyesi* filmimi, yüksek çözünürlükte gözümde canlandırıyordum. Şu an başıma gelmekte olanlar yüzümden anlaşılıyor muydu acaba? Yoldan geçenlerin yüzünde bu sorunun cevabını okumaya çalışıyordum. Büyük ihtimalle, insanlar bakışlarımı oldukça tuhaf buluyorlardı. Hiç umurumda değildi!

Avuçlarım ter içindeydi ama sırtımda beyaz kanatlar çıkmıştı. Artık hazırdım. Ama maalesef heyecanım uzun sürmeyecekti...

Banka müdürü beni son derece soğuk karşıladı. Dosyama şöyle üstünkörü bir göz attı. Sermayemin azlığını görünce yüzünü buruşturdu ve daha on dakika bile dolmadan, en kısa sürede bir cevap verileceğine dair söz vererek, görüşmemizi sonlandırdı. Gerçekten de sözünü tuttu: Kırk sekiz saat sonra olumsuz cevap geldi.

Başka bir bankayla yaptığım ikinci görüşmem de uğursuz bir dejavu havasında geçti. Olumsuz cevap beni daha yolda, elim kolum alışveriş torbalarıyla dolu bir şekilde eve dönerken yakaladı. Durumun rahatsızlığına bir de acı hayal kırıklığı eklenmişti. Bir tane daha... Hayalimin ellerimden uçup gittiğini hissediyordum. Hayal kırıklığı ve korku yüzünden boğazım, gözlerim ve burnum acıyla yanıyordu.

Adrien bana kapıyı açtığında, yarım ağızla bir "merhaba" deyip hızla mutfağa yöneldim. Yüzümü görüp moralimin bozuk olduğunu anlamasını istemiyordum. Oysa çocukların alıcılarının ne kadar kuvvetli olduğunu hesaba katmamıştım. Her şeyi anında hissediyorlardı.

"İyi misin anne? Aldıklarını yerleştirmene yardım etmemi ister misin?"

Dolapları açıp kaparken, "İyiyim, iyiyim canım. Gerek yok, ben hallederim." dedim.

Gözlerimdeki yaşları görmemesi için bilerek arkamı dönmüştüm.

Ama anlamıştı.

"Anne, sen ağlıyor musun?" diye sordu. Gözlerime yakından bakmak ve oradaki üzüntüyü okumak için eğilmişti.

"Yok canım, söyledim ya, iyiyim! Haydi, sen git odana oyna biraz."

"Neyin olduğunu söylemediğin sürece buradan gitmeyeceğim!"

Şu özgüvene bakın! Bazen böyle evin erkeği rolüne girip bana babalık yaptığı oluyordu. Canımı sıkan şeyin ne olduğunu söylemediğim sürece, beni rahat bırakmayacağını anladım ve ona bankadan ret cevabı aldığımı söyledim.

"Projemi gerçekleştirmek için elimdekinden daha fazla paraya ihtiyacım var ve banka bana borç vermeyi kabul etmedi, işte bu yüzden bu akşam üzgünüm biraz. Ama sen merak etme, ben daha son sözümü söylemedim!"

Onu daha fazla endişelendirmemek için gözyaşlarıma rağmen gülümsemeye çalıştım. Beni kollarına alıp sımsıkı sarıldı ve hayatı çok iyi bilen bir adam edasıyla konuştu:

"Endişelenme anne, her şey yoluna girecek!"

Sonra arkasını döndü ve odasına oyun oynamaya gitti. Kendimi gülmekten alıkoyamadım. "Ne çocuk ama!" dedim arkasından sevgiyle bakarken.

Erzakları yerleştirdikten sonra, bir akşam önce yıkamaya üşendiğim için lavaboda bıraktığım tavaları yıkamaya giriştim. Harap olmuş sinirlerimi biraz olsun yatıştıracağını umarak, süngeri elime alıp bütün hırsımla tavaları kazımaya başladım.

Sıra, akşam yemeği için masayı hazırlamaya geldiğinde Adrien'i yardıma çağırdım. Salona geldiğinde yüzünde muzip bir ifade vardı.

"Anne al, bu senin."

Elindeki sarı zarfı bana uzatıyordu.

"Açsana!"

Zarfı açtım. İçinden bir tomar kâğıt para ve yaklaşık elli adet bozuk para çıktı.

Gurur dolu bir ifadeyle, "Bunları sana veriyorum." dedi.

Hepsini saydım: yüz yirmi üç euro, kırk beş sent. "Eğer yetmezse, PS3'ümü de satabilirim. Böylece projeni gerçekleştirebilirsin."

O kadar duygulandım ki boğazım düğümlendi. Tanrım, onu ne çok seviyordum! Parıldayan gözleri ve doğal saflığıyla beni yıkımdan kurtarmaya çalışırken nasıl da güzeldi!

Onu kollarıma aldım, sımsıkı sarılıp öptüm.

"Çok teşekkür ederim tatlım, çok düşüncelisin. Ama şimdilik sen paranı kendine sakla. Söz veriyorum, eğer ihtiyacım olursa ben gelip senden isteyeceğim."

"Söz mü?"

"Söz."

Birikimlerini kendine saklayacak olduğu için rahatlamış görünüyordu. Üzüntümün geçtiğini ve tekrar gülümsemeye başladığımı görünce, görevini yerine getirmiş olduğuna karar vermiş olmalı ki içi rahatlamış bir şekilde odasına gidip paralarını aldığı yere koydu.

Onun bu sevimli hareketi benim de yüreğime su serpmişti. Umudumu kaybetmemeliydim. Kendim için, oğlum için, bana inanıp projeme destek olan herkes için… Vazgeçmemeliydim! Bu düşünceyle, gerekli finansal yardımı bulmak amacıyla hazırladığım dosyayı üçüncü bir bankaya daha sundum.

Yeniden, moralim umut helyumuyla iyice şişmiş bir hâlde, birkaç gün boyunca cevap gelmesini bekledim. Bir kez daha umutlarım paramparça oldu. Üçüncü kez ret cevabı alınca kafama balyoz yemiş gibi hissettim.

Üç banka! Ve hiçbiri projeme ortak olmak istemiyordu! Bütün çabalarım boşa gitmişti. Ne Catherine Deneuve gülüşüm ne Gandi gibi ağır ve özgüvenli duruşum ne de *Wall Street* filmindeki Michael Douglas gibi atak girişimci tavırlarım işe yaramıştı.

Umutsuzluk her yanımı sarmaya başladı. Ve tabii korku da. İşimden ayrılmıştım, modellerimi üretmek için masrafa girmiştim. Yani projemi destekleyen bir banka bulamazsam, bitmiştim! Tek çare, eski patronumun ayaklarına kapanıp beni yeniden işe alması için yalvarmak ve nota kâğıdı gibi düzenli, o eski küçük hayatıma geri döndüğüm için kendimi şanslı addetmek gibi görünüyordu.

Yok hayır, bunu asla kabul edemezdim!

Böyle olunca bütün öfkemi Claude'a yönelttim. Sürekli kafamda kurup duruyordum. Doğru ya, sonuçta onun yüzünden bu aptalca işe kalkışmıştım! Beni buna yönelten oydu! Al işte, başaramayacaktım. Sébastien beni asla affetmeyecekti. Belki de kahrolası bu hikâye yüzünden evliliğim yıkılacak ve aile hayatım mahvolacaktı. Séb. beni öfke ve hayalkırıklığıyla terk edecek, Adrien'i de alıp gidecekti. İflas etmiş ve bitmiş bir hâlde kendimi sokakta bulacaktım! Korkunç bir felaket senaryosunun içine düşmüştüm!

Annem haklıydı, yaptığım resmen delilikti! Asla başaramayacaktım.

Öfke ve korkudan gözüm dönmüştü. Kendimi büyük bir hışımla Claude'un ofisine attım. O ve onun lanet olası yöntemi... Ona iki çift laf edecektim! Onu sorumluluklarıyla yüzleşmeye ve şey işte... Şeye... Mecbur edecektim... Neye olduğunu henüz bilmesem de mecbur edecektim!

Kafamı bile çevirip bakmadan sekreterinin masasının önünden hızla geçtim.

"Hanımefendi, hayır, giremezsiniz."

Çok da umurumdaydı!

Claude'un odasına kapıyı çalmadan daldım.

Telefondaydı. Beni görünce konuşmasını kesti.

"Hanımefendi, lütfen!" diye sekreteri tekrar müdahale edecek oldu.

"Bırakın Marianne. Ben hallederim. Bir saniye Camille."

Hiç acele etmeden, telefon konuşmasını tamamladı. Sakin hali iyice sinirime dokunmuştu, benim içimdeki fırtınayla çok büyük tezat oluşturuyordu. Nasıl oluyor da bu adam daima kendine böyle hakim olabiliyordu ve bense hep böyle darmadağındım?

"Eee Camille, ne oluyor bakalım?"

"Ne demek, ne oluyor? Olan şu: bir felaket! Üç bankadan olumsuz cevap aldım! Rahat günler geride kalmak üzere!"

Öfkeden kabarmış yaşlı bir horoz gibi söyleniyordum.

"Sakin olun Camille, her zaman her şeyin bir çaresi vardır."

"Yok, hayır, bu kadarı da fazla! Bu pozitif tavırlarınızdan bıktım usandım ben! Sizin pozitif tavırlarınızın beni nereye sürüklediğine bir bakın! Evet, size söylüyorum, siz ve o saçma sapan tavsiyeleriniz! Kabalaştığımı düşünüyorsunuz, değil mi? Ne âlâ! Size inandım, size güvendim. İşimden istifa ettim ve ne oldu? Her şeyimi kaybettim! Sokakta kalmak üzereyim! Hayır ama söylesenize... Bende girişimci olacak kapasiteyi nerede gördünüz ki? Benim böyle bir şeyin altından kalkamayacağım en başından belliydi zaten!"

Claude hiç sesini çıkarmadan bütün zehrimi kusmamı bekledi. Beni bu hâlde görmekten üzülmüş gibi bir hali vardı. Eleştirilerimi ve çıkardığım gürültüleri duyan sekreteri kapıyı çaldı.

"Her şey yolunda mı Bay Dupontel?"

"Evet, her şey yolunda, teşekkür ederim Marianne."

"Bayan Theveniaud sabırsızlanmaya başladı. Buçukta randevunuz vardı."

"Kendisinden benim adıma özür dileyip randevusunu gelecek haftaya alır mısınız lütfen? Teşekkürler Marianne."

Benim için bir müşterisini geri mi çeviriyordu yani? Öfkem hâlâ dinmediğinden, buraya gelerek günlük programını bozmuş olmaktan çok mutlu oldum. Beni böyle çılgın bir iş macerasına atılmaya iten oydu ve başarısız olmam halinde doğal olarak bundan biraz da kendisi sorumlu olacaktı.

"Sakin olun Camille! Üç başarısız deneme, her şeyin bittiği anlamına gelmez ki. Bir banka, iki banka, on banka... Biraz sebat edin! Doğru çekmeceyi bulana kadar bütün çekmeceleri açıp kapamak gerekir!"

"Sebat edin, sebat edin deyip duruyorsunuz! Her gün yakınlarınızın endişe ve kınama dolu bakışlarına katlanmak zorunda olan siz değilsiniz!"

" ***'Kaya karşısında dere daima kazanır. Daha güçlü olduğu için değil, sebat ettiği için.'*** H. Jackson Brown..."

"Sürekli başkalarından alıntı yapma huyunuz da beni deli ediyor! Alıntılarınız sayesinde bankaların bana borç vereceğini zannediyorsanız, yanılıyorsunuz!"

"Vermezler, evet. Ancak kendinizi bu hale soktunuz diye de vermezler. Saat kaç?"

"Ne demek saat kaç? Altıyı çeyrek geçiyor, neden sordunuz?"

"Harika, hâlâ zamanımız var."

"Neye zamanımız var yine Claude?" Onun bitmez tükenmez gizemleri iyice sinirimi bozuyordu artık.

"Göreceksiniz! Haydi, mantonuzu alın!"

"Ama..."

Daha fazla itiraz edemedim. Claude kolumdan tutup koşar adımlarla beni dışarı çıkardı. Onun o doğal otoritesine karşı çıkmak imkânsızdı. Artık iyice tanıdığım arabası dışında –laf aramızda, Jaguar'a bindiğine göre işleri bayağı yolunda olmalıydı– bir de sürekli ofisinin önünde bekleyen bir motosikleti vardı. İtiraz etmeme fırsat kalmadan aceleyle kafama devasa bir kask geçiriverdi.

Son sürat Paris sokaklarında ilerlemeye başladık. Beline sımsıkı sarılmıştım. Bir yandan hızdan sarhoş olmuş hâldeydim, bir yandan da düşmekten korkuyordum. Birbiri ardına akıp giden sokaklar, hız nedeniyle yüzlerini seçemediğim insanlar, çalan klaksonların gürültüsü, çatıları altın kaplamalı binaların şatafatı, Seine Nehri'nin gizemli güzelliği, nehrin kıyıları, aşklarını sonsuza kadar ebedileştirmek için fotoğraf makinelerinin önünde poz veren Japon gelin ve damatlar, sokak satıcıları, aheste aheste dolaşanlar, tekerlekli aletlerin üstündeki aceleciler... Gözümün önünden hızla akıp giden bu görüntülerden başım dönmüştü.

Claude'un bir kaldırıma park ettiği motorun aniden durmasıyla kentsel rüyamdan uyandım.

Önümde gri taştan bir bina yükseliyordu: Saint-Julien-le-Pauvre Kilisesi.

"Tam zamanında geldik." dedi. Bunu başarmış olmaktan son derece memnun görünüyordu.

"Claude, gerçekten, hiç havamda değilim..."

Cümlemi tamamlama müsaade etmedi. Beni alelacele kilisenin kapısından geçirip ikimiz için üçüncü sırada boş bir bank buldu.

"Şşt! Susun ve dinleyin."

İtiraz etmek istedim ancak birden sahnede bir kadın belirdi. Kendisine eşlik eden, koyu renk takım elbiseli bir adam törensel bir havayla piyanonun başına oturdu. Daha ikinci parçada sinirlerimin yatışmaya başladığını hissettim. Kulaklarımı okşayan tatlı nağmeler bütün bedenime sakinleştirici titreşimler yayıyordu.

Üçüncü parçada, kubbenin altındaki sanatçı dupduru bir sesle *Ave Maria*'yı söylemeye başladığında, bütün duygularım doruğa ulaştı. Tüylerim diken diken olmuştu. O kadar hissederek okuyordu ki sesi sanki içime işliyordu. Gözlerim yaşla dolmaya başladı.

Claude'un ara sıra yan gözle bana baktığını hissediyordum. Beni böyle büyülenmiş görmekten memnun olmalıydı.

Bütün bedenimi bir titreme kaplamıştı. Kendimi, ne olduğunu tam olarak bilemediğim "yüce" bir şeye bağlanmış hissediyordum. Bu duygu içimi sonsuz bir güç ve coşkuyla dolduruyordu. Konserin geri kalan bölümünde kendimi adeta bir bulutun üstünde hissettim.

Konser bitip de dışarı çıkınca, Caveau des Oubliettes'e gidip şarap içmeye karar verdik.

"Claude, az önce öyle sinirlenip kendimi kaybettiğim için üzgünüm. Size büyük haksızlık ettim. Bana yardım etmek için elinizden geleni yapıyorsunuz, biliyorum. Eğer başarısız olursam, suçlusu siz olmayacaksınız."

"Winston Churchill şöyle der: '***Gerçek başarı, pek çok başarısızlık yaşadığınız hâlde şevkinizi kaybetmeden denemeye devam etmektir.***'"

"Yine alıntılarınıza başladınız!"

"Affedersiniz! Sadece, şu an finansal yardım arayışınızda yaşadıklarınızın başarısızlık sayılmayacağını size bir kez daha hatırlatmak istemiştim. Bütün bunlar başarıya giden yolda karşılaştığınız iniş çıkışlar. Sizi bu kiliseye getirmemin sebebi, size tutkunun gücünü hissettirebilmekti. İnancınızı asla kaybetmemelisiniz! Kendinize inanın. Ben size inanıyorum!"

"Hmm..." diye söylendim. Pek ikna olmamıştım.

"Yeniden denemeye hazır mısınız?" dedi elini uzatarak. Birkaç saniye düşündükten sonra elimi uzattım.

"Hazırım."

Birkaç gün sonra Populis Bankası'ndan randevu almayı başardım. Bir dergide okuduğuma göre bu banka, geleneksel finans kurumlarının ilgisini çekmeyen küçük yatırımcılara destek olmakla ünlüydü. Tekrar hayal kırıklığına uğramamak için bu kez hiçbir beklentiye girmemiştim.

Sekiz gün sonra telefon açıp projeme destek vermeyi kabul ettiklerini belirttikleri an, heyecandan dizlerimin üzerine çöktüm. Sevinçten çığlık atmamak, avaz avaz bağırmamak için kendimi zor tuttum. İçimden, üzerimdeki tişörtü yukarı doğru kaldırıp "Goooooooooooooooool!" diye bağırarak koşmak geliyordu.

Nihayet yeni bir yaşam için vize alabilmiştim.

29

Bu zafer bana dördüncü Charm lotus kolyesini de kazandırdı. Bu seferki mor renkliydi. Sanki bir şans muskasıymış gibi elimi boynuma götürüp kolyeyi okşamaktan vazgeçemiyordum. Değişim basamaklarını bu şekilde bir bir aşacağımı asla tahmin edemezdim. Ayrıca yöntemin gayet iyi işlediğini kabul etmekten başka çarem kalmamıştı. Gerekli finansmanı da bulduğuma göre, nihayet uygun fiyatla *haute couture* bebek giysileri kiralama projemi hayata geçirmek üzere harekete geçebilecektim.

Mağazamın açılış tarihini altı ay sonrası olarak belirlemiştik. Açılıştan önce her şeyin hazır olmasını istiyordum ve kaybedecek bir günüm bile yoktu! Bazen kendimi çok fonksiyonlu biyonik bir robot gibi hissediyordum. Her şeye aynı anda yetişmek zorundaydım: kreasyon, üretim, lojistik...

Yardım almak şart olmuştu. Aydınlığa çıkmak istiyorsam, kendime sağ kolum olacak birini bulmalıydım. Bir değil, tam dört tane buldum hatta sol kolları da sayacak olursak, sekiz tane. Kısacası dikiş işinde yeni, müthiş becerikli dört çift el, projemin kariyerleri için iyi bir başlangıç noktası olacağına karar vererek beni onurlandırdılar. Resmi açılış tarihine ve hatta işleri rayına oturtana kadar çok az bir ücret karşılığı çalışmayı kabul ettiler. Lüksemburg Bahçesi'ne iki adım mesafede, Le Goff Sokağı'nda bir mağaza kiralayıp ekibimi yerleştirdim. Mağazam çok büyük sayılmazdı ancak başlangıç için yeter de artardı bile. Üstelik çok da güzeldi. Belirgin kirişleri, asma katı, son derece aydınlık bir antreposu hatta vestiyer veya mutfak olarak düzenlenebilecek bir bodrum katı dahi vardı.

Adrien'e gösterdim.

"Anne, mağazan ne kadar tarz sahibi!" dedi.

Kafasını en çok meşgul eden konu, bir gün zengin olup olmayacağımı bilmekti. Mağazam sayesinde ünlü olmam halinde sahip olabileceğimiz şeylerin listesini yapıyordu. Hepsi birbirinden güzel bir sürü araba alacağımızı hayal ediyordu. Bir gün kırmızı bir Porsche'a biniyordu, ertesi gün siyah bir Bugatti'ye... Heyecandan gözleri ışıl ışıl parlıyordu. Onun böyle zevk aldığını ve bu dönemlerin tadını çıkardığını görmek beni son derece mutlu ediyordu.

Sevgiyle gülümseyerek içimden *hayal et oğlum, hayal et,* diyordum. *Hayat sana daima güzellikler sunsun!*

Bu arada bana ucuz fiyata; organik pamuk, kenevir ve bambudan üretilmiş, işlenmemiş bebek giysileri satacak üreticileri bulmak için yeri göğü oynattım. Sipariş ettiğim ürünler nihayet elime geçtiğinde, inanılmaz güzellikteki hammaddeleri uzun uzun okşadım ve onlarla neler yaratacağımı düşünüp bir kez daha zevkten dört köşe oldum.

Bütün bu süreç boyunca kafamın içinde yaratıcı fikirler uçuşup duruyordu. Çok az uyuyordum ancak tuhaf bir şekilde kendimi asla yorgun hissetmiyordum. En ufak bir uykusuzlukta pelte gibi yığılan biri olarak, bu durum bana son derece yabancıydı. Halimi görenler doping aldığımı kolayca düşünebilirdi. Aslında bir anlamda doping almıştım da: coşku dopingi! İçimdeki en derin arzuyu gerçekleştiriyor olmak başka hiçbir gücün besleyemeyeceği kadar besliyordu beni. Hayatımın hiçbir anında böyle bir enerjiyle dolup taşmamıştım!

30

Claude gelişmeleri sevecen bir baba edasıyla takip ediyordu. Baba demişken, elbette bana değişim hedefleri listesinde henüz gerçekleştirmediğim bir hedef kaldığını hatırlatmayı da ihmal etmedi: babamla barışmak.

Hemen itiraz ettim.

"Claude, şu an bunun hiç sırası değil. Ne kadar meşgul olduğumu görüyorsunuz! Başımı bile kaşıyacak vaktim yok."

"Yanılıyorsunuz Camille, şu an tam sırası. Hem siz de biliyorsunuz ki bu durum yıllardır kafanızı meşgul ediyor ve ayağınıza batan bir diken gibi canınızı yakıyor. Neden bu acıya bir gün daha katlanasınız? Sorununuzu halletmek için bir adım atmış olacaksınız ve içiniz çok rahatlayacak. Hem, yeni Camille sorunları askıda bırakmıyor, öyle değil mi?"

"Tamam tamam, anladım. Bir ara vakit bulursam bakarım."

Böyle bir dönemde beni zorlaması canımı sıkmıştı. Ancak gerçekten de zorladığını söyleyebilir miydim? İçimde, en derinimde, haklı olduğunu biliyordum. Bu durumun sonsuza kadar böyle sürmesine izin veremezdim. Onunla yüzleşmeliydim. Sözde, bu hikâyeyi bir daha hatırlamamak üzere, yıllar önce halının altına süpürmüştüm. Ne demezsin! Yıllardır sinsi sinsi beni mutsuz etmeye devam etmişti. Kalbimin derinliklerinde saklı kin ve suçluluk duygusu, farkında olmadan içimi kemirmişti. Baba bile demeye dilimin varmadığı, "damızlık" olarak adlandırdığım ve ben daha küçücük bir bebekken bizi terk edip giden birini nasıl affedebilirdim?

Babamı tam altı yıldır görmemiştim. Son görüşmemiz çok kötü geçmişti zira kendisinden hesap sormaya kalkmıştım. Claude buna *zarfları açmak* derdi kuşkusuz. Eleştirilerimi bir makineli tüfek gibi kusmuştum! Hiçbir açıklamada bulunmasına fırsat vermeden peş peşe bütün mermilerimi üzerine sıkmıştım. Öfke, zehir gibi bütün damarlarıma yayılmıştı. Canını acıtmak istemiştim. Küçük bir kız çocuğunun öfkesi pekâlâ masaları devirip sandalyeleri kırabilirdi. Karanlık yüzüm aniden bir volkan gibi patlamıştı. Yıllar boyu, yokluğunda biriktirdiğim bütün olumsuz duygular yüzeye çıkmıştı. Öldürücü sözlerimle ona kaçıp gidişinin bedelini ödetmek istiyordum. Neden annemi terk etmişti? Tahammül edemeyeceği kadar gürültücü ve rahatsız edici bir bebek miydim ben? Korktuğumda veya hasta olduğumda neden yanımda değildi? Neredeydi?

Maalesef bu hesaplaşma pimi çekilmiş bir bomba gibi elimde patlamış, hiç arzu etmediğim bir şekilde sonuçlanmıştı: İlişkimiz tamamen kopmuştu.

Barışmak için ilk adımı atmaya cesaret edemeden, haftalar, aylar ve yıllar geçip gitmişti. Nasıl tepki vereceğini bilmiyordum, daha da kötüsü, reddetmesinden korkuyordum. Aslında geriye dönüp baktığımda bizi neden terk ettiğini daha iyi anlıyordum.

Ben doğduğumda henüz çok gençti ve hayatına bir kaza eseri olarak girmiştim. Yirmi üç yaşında, bir çocuğun sorumluluğunu üstlenecek olgunlukta değildi, ayrıca bunu istemiyordu da. Yine de anneme elinden geldiğince ekonomik açıdan destek olmuş ve ara sıra ziyaretime gelmişti. Çok ender ve son derece kıymetli olan bu ziyaretler benim için pamuk şekeri tadında unutulmaz anlardı.

O çok kıymetli telefon rehberini bulmak için bir hayli aramam gerekti. Sonunda bir dolabın dibinde, kâğıt yığınlarının altında buldum. Kenarları kıvrılmış, toz içinde kalmıştı.

Oradaydı... Numarası...

Telefonun önünde uzun bir süre durup bekledim. Kalbim yerinden çıkacakmış gibi atıyordu. Ellerim ter içinde kalmış ağzım kurumuştu. Ne söylemem gerektiğini bilemiyordum. Nihayet numarasını çevirdim.

Birkaç kere çaldırdıktan sonra cevap verdi:

"Alo?"

"..."

"Alo?"

"Baba?"

"..."

Paul Boese'in bir sözü vardır: ***"Affetmek geçmişi değiştirmez ama geleceğin önünü açar."*** Çok doğru söylemiş. Babamı aradıktan sonra kendimi son derece hafiflemiş hissettim. Sanki gemimin, deniz tabanına bağlı, ilerlemesine engel olan çapasını kesip atmıştım. Doğal olarak başta sesimiz boğulmuş, kelimeler çıkmakta zorlanmıştı. Sonra kalbimizin sesini dinlemiş, doğru ve samimi kelimeleri bularak aramızda bir köprü kurmayı başarmıştık. İkimiz de çok duygulanmıştık. Akşam yemeği için randevulaştık. Bu yakınlaşma, her ikimize de acılarımızın yükünden kurtulup arınma imkânı verdi. O ana kadar sadece üç nokta ve ünlem işaretleriyle dolu hikâyemizde, bir tırnak açmayı başarmıştık.

Buna inanamıyordum.

31

Tuhaf gelebilir ama babamla barıştığımdan beri, kendimi eşimle olan ilişkimde de daha huzurlu hissediyordum. Yıllardır babamın davranışlarıyla eşimin davranışları arasında ne gibi bağlantılar kurmuş olduğumun bilincine varıyordum sanırım. Aynı annem gibi bir gün terk edilme korkusu içimi zehirlemiş ve Sébastien'le olan ilişkime gölge düşürmüştü. Ama bütün bunlar geride kalmıştı. Bundan böyle, geçmişimin bugünümü etkilemesine ve ilişkilerimi zedelemesine asla izin vermeyecektim.

Kaderimde eşimin başka birine aşık olup beni terk etmesi varsa, buna engel olamazdım. Ama artık içim rahattı. Hayatta başıma ne gelirse gelsin, başa çıkabilecek kapasitede olduğumu biliyordum. Ve bunu bilmek, bana inanılmaz büyük bir güç veriyordu. Oysa kısa bir süre öncesine kadar böyle bir güce sahip olabileceğimi hayal bile edemezdim.

Görünüşe bakılırsa erkek milletiyle barış imzalamıştım.

Bir sabah, mutfakta oturmuş, bir fincan yeşil çay eşliğinde bu düşüncenin tadını çıkarırken, Sébastien elinde bir zarfla çıkageldi.

"Al bak, sana bir mektup var."

Mektup bir hayli kısaydı:

Zirvede bir toplantı için perşembe günü Binbir Gök Kubbe'de buluşalım! Saat 14.00'te. Geç kalmayın. Görüşmek üzere, Claude.

Yine ne dolaplar çeviriyordu acaba? Bu arada üzerine yağ sürdüğü ekmeğinden bir parça ısıran Sébastien, yan gözle beni izliyordu.

"Yine mi iş?"

"Şey... Evet! N'aparsın..."

"Durmak bilmiyorsun!"

Endişeli bir hali vardı veya sinirli, tam olarak anlayamadım. Kalkıp yanına gittim ve dudaklarına bir öpücük kondurdum.

"Endişelenme. Başarmam için çok çalışmam şart! Çok yakında sonuçlarını göreceğiz!"

"Bundan hiç kuşkum yok."

Perşembe günü, randevuma gitmeden önce, kızlara öğleden sonra yapılması gereken işler konusunda gerekli talimatları verip atölyeden çıktım. Üzerime son derece şık ve göz alıcı bir elbise giymiştim. Yolda yürürken birkaç kişi ıslık çalıp laf attı. Yanaklarımın kızardığını hissediyordum ancak randevu yeri on altıncı bölgede olduğundan, ortama uygun giyinmemin yararıma olacağına karar vermiştim. Üstelik bu, yeni Camille'in neler yapabileceğini görmek için harika bir fırsat değil miydi? İnsanların beğeni dolu bakışlarına bakılırsa emeklerim boşa gitmemişti.

Binbir Gök Kubbe'nin kapısından geçip içeri girince, resmen nefesimin kesildiğini hissettim. Sadece girişteki hol bile, doğu saraylarının güzelliğine bir övgüydü. Özenle seçilmiş ürünler, son derece şık mobilyalar, hoş rayihalar, parıltılı renkler... Zamanda yolculuk yapmış gibiydim. Bütün bu güzellikler içimi coşkuyla doldurmuştu! O avizeler! O antika fenerler! Eski parke zeminin ya da el işi mozaiklerin üzerine serilmiş uzun tüylü yumuşacık halılar!.. Kendimi tamamen, içeridekilerin yüzlerinde gizemli gölgeler oynaştıran yarı karanlık atmosferin büyüsüne kaptırmıştım. Ancak gerçek gizem hâlâ sırrını koruyordu: Claude neden beni buraya davet etmişti? Aklım bu soruya takılı hâlde resepsiyondaki genç kadına yöneldim.

"Bar ne tarafta acaba? Bir randevum vardı."

"Koridorun sonunda, hemen sol tarafta."

Koridorda bara doğru ilerlerken kalp atışlarım hızlanmaya başlamıştı. Neydi yine oyunu acaba?

Nihayet en az girişteki hol kadar görkemli döşenmiş bara vardığımda, durup içerideki insanlara bir göz attım ancak Claude'u göremedim. Geciktiği için içimden ona lanet okudum: Bu tür ortamlarda tek başıma oturmaktan nefret ediyordum. Erkekler yalnız bir kadın görünce hemen yanlış fikirlere kapılıyorlardı! Kendimden emin ve etrafı umursamaz bir hava takınmaya çalıştım. İçimden sürekli mantram haline gelen cümleyi tekrarlıyordum: "Ben Catherine Deneuve'üm, ben Catherine Deneuve'üm..."

Son derece şık ve kaliteli lacivert takım elbise giymiş bir erkek, yanımdaki taburede arkası bana dönük oturuyordu. İçimden, omuzlarının ne kadar geniş olduğunu geçirdiğim an bana döndüğünü fark ettim.

"Sizi burada görmek ne hoş bir sürpriz!" dedi çekici bir gülümsemeyle.

"Ama... Ama... Bu ne demek..."

"Eee, bak, senin Claude'undan başka sürpriz yapmayı bilenler de var!"

Sébastien, sanki çok değerli bir sanat eserini tutarcasına yüzümü ellerinin içine alıp uzun uzun öptü beni. Böyle bir yerde, herkesin içinde bu şekilde öpüşmenin yersizliğinin ve münasebetsizliğinin getirdiği esriklikle, biraz fazla ateşli bir şekilde karşılık verdim. Neyse ki barmen başını başka tarafa çevirmeyi tercih etmişti. Sébastien başını geri çekip bu cüretkâr davranışının bende yarattığı etkileri görmek için gözlerini gözlerime dikti. Gündüz vakti dudaklarıma yaptığı baskın ve ışıl ışıl bakan gözleriyle aşkımızda adeta devrim ilan ediyordu.

Şaşkınlıktan kekelemeye başlamıştım.

"İnanamıyorum! Ama nasıl olur..."

"Şşt, şşt! Senin Claude tahmin ettiğimden çok daha *cool* bir tipmiş! Sana böyle bir sürpriz hazırlamama yardımcı olup olamayacağını sorduğumda, bir saniye bile tereddüt etmedi. Kendisiyle randevun olduğunu zannetmen için sana o mektubu yazdı. Hoşuna gitti mi?"

"Ben ona gününü gösteririm!" dedim. "Eee? Benimle, beni böyle işimden alıkoymana değecek ne yapacaksın bakalım?"

"Hmmm... Buraya geldiğine kesinlikle pişman olmayacağın şeyler yapacağız! Hem sonra, biraz rahatlamak eminim seni çok daha üretken kılacaktır. Sence de öyle değil mi benim güzel iş kadınım?"

İkimiz için muhteşem bir program hazırlamıştı: Hamam, sauna, havuz, okaliptüslü doğal sabunla kese... Kendimizi, bizi zevkin doruklarına çıkaran Balili masaj ustalarının ellerine teslim ettik. Vücudumun bütün bölgeleri bir bir rahatlarken, bir yandan da Sébastien'in elini tutuyordum. Masaj odasından çıktığımızda ayaklarım yere basmıyordu.

Günün doruk noktası, mum ışığı eşliğinde yediğimiz ve damak tadımı doğrudan Nirvana'ya çıkaran akşam yemeğiydi.

Burası, insanın tüm duyularını, başka hiçbir yerde olamayacak şekilde uyandırıyordu. Ancak beni en çok memnun eden şey, Sébastien'in beni tekrar eskisi gibi gördüğünü anlamak olmuştu.

Ve bu, gerçekleştirmeyi başardığım bir hedeften öte dualarımın kabulüydü!

32

Sébastien'in bana hediye ettiği şiirsel kaçamak beni inanılmaz derecede canlandırmıştı. Sonraki günlerde karşılaştığım zorlukları görünce, bunun çok da iyi bir zamana denk geldiğini düşündüm. Acil yetişmesi gereken işler, açgözlü satıcılarla pazarlıklar, tecrübesiz bir ekibi yönetmek, devlet dairelerinde saçma sapan işlemlerle uğraşmak, geceleri üretim yapmak, gündüzleri işleri organize etmek... Kısacası dayanacak gücüm kalmamaya başlamıştı. Neyse ki eşsiz bir destek komitesine sahiptim: Ailem ve arkadaşlarım sık sık atölyeye gelip bana destek oluyor, beni yüreklendiriyorlardı. Ve bu, içimi son derece rahatlatıyordu. Benimle gurur duymalarını o kadar çok istiyordum ki!

Claude, benim sevgili Claude'cuğum da bana yardımcı olmak için elinden gelen her şeyi yapıyordu. Tanıdığı basın mensuplarını arayacağına söz vermişti. Bir hayli tanıdığı olduğunu söylüyordu. En azından, bu konuyla da benim uğraşmam gerekmeyecekti. Kendisine bir gün yaptıkları için nasıl teşekkür edeceğimi bilemiyordum.

Şimdilik, bebeğim günden güne kanlanıp canlanıyordu. Doğuma az bir süre kalmıştı. Ona bir isim aramanın zamanı gelmişti. Mağazanın arka tarafındaki antrepoda bir beyin fırtınası seansı organize etmeye karar verdim. Claude farklı alanlardan insanlar davet etmemi önermişti. Bunun değişik ve yaratıcı fikirler bulmak açısından büyük bir zenginlik olacağını söylemişti. Sonuçta terziler dışında, kuaförümü ve fizyoterapistimi de davet etmeye karar vermiştim. Beni kırmayıp kabul etme nezaketini gösterdiler. Başlamadan önce katılımcılara yaratıcılığın ifadesi için gerekli kuralları açıkladım: Sansür ve eleştiri yasaktı, olabildiğince fazla fikir üretilecekti, fanteziler ve acayiplikler havada uçuşabilirdi, herkes bir diğerinin fikrini alıp onu daha ileriye götürebilirdi. Ancak aklımızdan çıkarmamamız gereken iki önemli nokta vardı: hedef kitlemiz (0-3 yaş arası minikler) ve sunduğumuz ürün (leasing yöntemiyle, hazır giyim ürünleri fiyatına kiralanabilecek *haute couture* ve ekolojik giysiler).

Beyin hücrelerimizi canlandırmak için aklımıza gelen bütün kelimeleri bir kâğıda, rastgele alt alta yazmakla işe başladık. Daha sonra küçük çocuklarla ilgili kelimeleri seçip bunların çağrıştırdıkları üzerinde yoğunlaşmaya karar verdik:

> Minikler, çöp adam, leylek, kaka, pipi (sansür yok demiştik!), üç elma boyunda, abrakadabra, badabum, mini, yumurcak, miyav, 123 don, topaç, fıstık, şirinler, beşik, minik eller...

Listeye moda ve dikiş dünyasıyla ilgili birkaç kelime de ekledik:

> İğneden ipliğe, altın düğme, sihirli parmaklar, yaratım, "Bizde Moda Böyle" adlı çocuk şarkısı...

Claude bulduğumuz kelimeleri not almamız için tablo hazırlamamıza yardımcı oldu. Bir kartona yatay ve dikey iki çizgi çizdi. Çizgiler ortada kesişerek dört ayrı kutu oluşturuyordu: pratik bebek dünyası, büyülü bebek dünyası, organik ticaret, kiralanabilir moda. Bu tablo sayesinde bulduğumuz kelimeleri "sınıflandırmak", daha sonra bir seçim yapmamızı kolaylaştıracaktı.

Nihayet sıra isim seçmeye geldi.

Kuaförüm, " 'Fashionimo!' olsun." dedi. " 'O' harfi ile biten isimler hep sevilir, değil mi? Nemo, Gerenimo ya da Pinokyo?"

"Süper! Yazıyorum."

Terzilerden biri, Géraldine, " Neden 'Altın Parmaklar' olmasın?" diye öneride bulundu.

"Ya da 'İlmikler ve Muzipler!' " diye haykırdı Luci. Buluşundan gözleri parlıyordu.

Fabienne, "Buldum! 'Yeşilist BeBeler' olsun!" dedi. "Neden olmasın? Son zamanların modası sonuçta."

Fizyoterapistim, "Biomoda!" diye haykırdı.

"Olmaz! İlaç ismi gibi!"

"Eleştiri yok demiştik!"

" '3 Elma' nasıl? Kulağa hoş geliyor, değil mi?"

"Harika! Ama zaten olan bir marka..."

"Ay evet!"

Halihazırda kullanılmakta olan isimlerle, fazla uzun veya acayip bulduğumuz ya da kulağa hoş gelmeyenleri de ayıkladıktan sonra elimizde dört isimlik bir liste kalmıştı: BBeko, Yeşilci Yumurcak, Moda Perileri ve Minik Bohça.

BBeko... İsmin içinde "Bebek" kelimesi vardı. Ekoloji kelimesinin "Eko"su da vardı. Ve ayrıca "Beko*" öpücük anlamına geliyordu. Bu da, anne ve bebek arasındaki o eşsiz paylaşımı çağrıştırıyordu.

---

* Fransızcada "Bécot" olarak yazılmaktadır. *(ç.n.)*

Yeşilist Yumurcak hem "Yeşilist" ile ekolojiye gönderme yapıyor hem de "Yumurcak" ile bebekleri hedeflediğimizi belirtiyordu.

Moda Perileri doğrudan çocukların o olağanüstü güzel ve büyülü dünyasına açılıyordu. *Fashion* giysiler üretmeyi planladığımıza göre "Moda" kelimesini kullanmak da önemliydi. Ayrıca "Moda Perileri" sihirli bir değnekle –leasing yöntemiyle– son moda kıyafetlere sahip olabileceğiniz mesajını da veriyordu.

Minik Bohça... "Bohça" kelimesi nesiller arası aktarımı çağrıştırıyordu. Eskiden, bohçalar yıllar boyu büyük bir özenle hazırlanırdı. Bu isim anne babalara, çocukları için onlara özel, ikinci bir örneği olmayan giysiler hediye ettiklerinin altını çizerek, geliştirdiğimiz yöntemin önemini vurguluyordu.

İki saat daha bu dört isim üzerine düşünüp, hangilerinin olup hangilerinin olmayacağı konusunda kafa yormaya devam ettik. Ve nihayet kararımızı verdik: Mağazanın ismi *Moda Perileri* olacaktı. Bu uzun mu uzun düşünce fırtınası boyunca nefesini tutarak çalışan grup üyeleri, coşkulu bir neşeye boğulmuştu.

"Şampanya!" diye bağırdım.

Bu anı kutlamak için önceden buzdolabına bir şişe şampanya koymuştum. Neşe içinde şampanyalarımızı yudumlarken, kartona büyük harflerle yazdığımız isme bakıp, nasıl bir tabela yaptıracağımı hayal etmeye başladım.

33

Derken... Büyük gün geldi çattı. Açılış günü!

Mağaza tıklım tıklım doluydu. Bütün davetliler ellerinde birer kadeh şampanyayla etrafıma dizilmişti. Açılış şerefine minik moda mağazam bayramlıklarını giymişti: Bir köşede, beyaz örtülerle kaplanmış bir açık büfe ve büfenin başında, en az örtüler kadar beyaz eldivenleriyle işinin erbabı bir şef garson duruyordu. Kapıda ise büyüleyici güzellikte bir hostes misafirleri karşılıyordu.

Annem bana hayranlık dolu gözlerle bakıyordu. Onun yanında babam duruyordu. Evet, babam benim için özel olarak gelmişti. Heyecanını gizlemekte zorluk çektiği belli oluyordu, bana uzaktan abartılı bir şekilde göz kırpıp baş parmağını yukarı doğru kaldırarak "aferin" yapıyordu. Annemle babamın savaş baltalarını gömerek yan yana geldiklerini ve iki eski dost gibi sohbet ettiklerini görmek beni son derece mutlu etmişti. İlk sırada yer alan Sébastien ve Adrien, karşımda durmuş, elleriyle sessiz sessiz alkışlayarak gülmeme sebep oluyorlardı. Oğlum bütün arkadaşlarına annesinin çocuklar için *haute couture* giyim mağazası açıp meşhur olacağını söylemişti! Oğlumun benimle ilgili, sadece bir çocuğun hayal dünyasından çıkabilecek böyle bir fantezi kurması beni elbette duygulandırmıştı. Ancak en çok duygulandıran şey, bakışlarında annesiyle ne kadar gurur duyduğunu görmekti.

Tek hayal kırıklığım, Claude'un henüz gelmemiş olmasıydı. Yapacağım konuşmayı kaçırmasını istemiyordum çünkü konuşmam sırasında kendisini takdim edip yaptıkları için teşekkür etmeyi düşünüyordum. Yine ne işler karıştırıyordu acaba? Randevularına asla geç kalmadığını bildiğimden endişelenmeye başlamıştım. İçim biraz sıkılsa da konuşmamı yapmaya karar verdim. Sözlerime, hayalimi gerçekleştirmem için bana destek olan ve yardımlarını esirgemeyen herkese teşekkür etmekle başladım.

Birden, kapının önünden gelen bir takım sesler duydum ve davetliler arasında bir kıpırdanma olduğunu fark ettim. Bir sürü insan mağazaya dalıp ortalığı gürültüye boğdu. Ne olduğunu anlayamadım zira kalbim panikten hızla atmaya başlamıştı. Flaşlar patladı, insanlar heyecan içinde bağırmaya başladı. Tıpkı İncil'de geçen Kızıldeniz'in yarılması gibi, önümde dizilmiş duran misafirler yanlara doğru açıldı ve ben gözlerime inanamadım: Jean-Paul Gaultier karşımda duruyordu! Ve onun hemen arkasında kim vardı? Tabi ki Claude! Yaptığı sürprizin yarattığı etkiden son derece memnun, otuz iki dişini göstere göstere gülüyordu.

Rüyada gibiydim!

Projemin gerçekleşme aşamasında pek çok büyük tatmin yaşamıştım. Mesela matbaadan telefon açıp reklam panolarının ve kartvizitlerimin hazır olduğunu bildirdikleri an. Sonra, vitrinin son düzenlemelerini yaptığım an. Ve işçiler iki kelimeden oluşan o büyülü ismi tabelanın üzerine yazdıkları an: *Moda Perileri.* O kadar büyük bir sevinç ve heyecan duymuştum ki kimselere göstermeden mutluluktan ağlamıştım. Sadece birkaç ay içinde ne çok yol katetmiştim! Acaba başarıyı da yakalayabilecek miydim? Bu soruyu cevaplamak için açılış töreninin iyi bir fırsat olacağını düşünmüştüm ancak... Bu... Bu, hayallerimin çok çok ötesindeydi. Jean-Paul Gaultier! Ta kendisi! Hem de b*enim mağazamda!*

Titreyen elimi idolüme uzattım. Samimiyetle elimi sıktı. Davetliler önünde yaptığı konuşmayı dinlerken büyülü bir sisin içinde gibiydim: Konseptini çok beğendiği mağazamın vaftiz babası olmaktan onur ve mutluluk duyuyordu. Claude kendisine yazıp projemin detaylarını açıkladığında, *Moda Perileri*'mi daha geniş kitlelere tanıtabilmem için medyatik imajını kullanmayı hiç düşünmeden kabul etmişti.

"Camille'in son derece yetenekli bir stilist olduğunu düşünüyorum. Çizdiği çocuk giysileri son derece orijinal. Üstelik *haute couture* çocuk giysilerini leasing yöntemiyle kiralamak çok akıllıca bir fikir. Buluşunuz için sizi gerçekten tebrik ederim Camille!"

Gözlerime, kulaklarıma inanamıyordum. Jean-Paul Gaultier bana övgüler yağdırıyordu! Gözlerim doldu. Sözlerine devam etti:

"Kendisine destek olmaktan büyük mutluluk duyarım. Ayrıca eğer arzu ederse birkaç tavsiyede de bulunmak isterim!"

Mutluluğun doruklarında yüzüyordum!

Daha sonra, foto muhabirleri ikimizin fotoğraflarını çekti. Makalelerini yazabilmek için bana birkaç soru sordular. Claude'un inanılmaz yardımı sayesinde bütün gazeteler mağazamın tanıtımını yapacaktı! Aslında bu, yardımdan öte benim için tam bir tramplen olmuştu.

Gecenin sonlarına doğru Claude yanıma geldi. Hiç tereddüt etmeden, onu kollarıma alıp sımsıkı sarıldım. Ona ne çok şey borçluydum!

"Claude! Yaptıklarınız için size nasıl teşekkür edeceğimi bilemiyorum."

"Başarınızdan dolayı sizin adınıza çok mutlu oldum. Ayrıca sizinle gerçekten gurur duyuyorum. Bunu hak ettiniz."

Cebinden çıkardığı küçük kutuyu uzattı. Bu sefer kutu parlak bir kurdeleyle bağlanmıştı. İçinde ne olduğunu tahmin edebiliyordum: tılsımlı kolyelerin sonuncusu, siyah lotus çiçeği.

Gözlerim dolu dolu oldu. Sımsıkı sarılıp öptüm ve siyah lotusumu diğer Charm kolyelerimin yanına ekledim.

"Artık gitmem gerekiyor." dedi. "Tekrar tebrikler."

Ayrılmadan önce elime küçük bir zarf sıkıştırdı. O gittikten sonra açıp okudum.

Şöyle yazmıştı:

Sevgili Camille,

İzninizle, size son bir randevu veriyorum. Açıklamam gereken bazı şeyler var. Böylece ben görevimi tamamlamış olacağım ve siz de DOĞRU yolda olduğunuzdan emin bir şekilde yolunuza devam edeceksiniz! Sizi, yarından sonraki gün, saat 14.00'te Zafer Takı'nın tepesine bekliyorum. Tekrar tebrikler ve iyi geceler.

Sadık dostunuz, Claude.

Bu sefer beni nasıl bir sürpriz bekliyordu acaba?

34

Zafer Takı'nın tepesinde buluşacaktık demek... Tam Claude'a ve onun o metafor merakına uygun bir yerdi: Benimle olan görevini sona erdirmek için bundan daha iyi bir yer olamazdı. Zaferse, işte onun "öğretileri" tam bir zaferdi! Ancak bütün süreç boyunca hep mütevazı davranmış, kendi "hocalık" yeteneklerinden ziyade benim kaydettiğim ilerlemeleri ön plana çıkarmayı tercih etmişti. Bu sefer de yine benim başarılarımı; gündelik hayatımdaki ufacık değişikliklerden tutun da bu başarıların amblemi haline gelen *Moda Perileri*'ne kadar tüm galibiyetlerimi, kutlamak istediğini tahmin ediyordum.

Anıta yaklaştım ve durup, kaidesindeki muhteşem betimlemelerine büyük bir hayranlıkla bakmaya başladım. Gerçekten de burası, kişisel projemin gerçekleşmesini ve Claude'un öğretilerini bana başarıyla aktarmış olmasını kutlamak için en doğru yerdi. Zafer kazanmış bir edayla, bakışlarım gurur dolu, Meçhul Asker Anıtı'nın önünden geçtim. Benim içimde de anıtın üzerinde yanan aleve benzer bir ateş vardı.

Anıtın tepesine çıktım ve aşağıda devam eden hayatı, sağa sola koşuşturan, karınca büyüklüğündeki insanları ve çarpışan oto boyutlarındaki arabaları izlemeye koyuldum. Rüzgâr saçlarımı uçuşturuyordu. Derin derin nefes alıp tarih ve fetihleri simgeleyen anıtın atmosferindeki tutku ve özgürlük zerrelerini içime çekiyordum.

Claude'un orada olduğunu fark ettim, beni kollarını açarak karşıladı.

"Claude! Sizi gördüğüme çok sevindim!"

"Ben de Camille. Nasıl? Geçen akşam yaşadığınız büyük heyecandan sonra biraz kendinize gelebildiniz mi?"

"Evet, geldim. Muhteşemdi! Yaptıklarınız için tekrar çok teşekkür ederim. Jean-Paul Gaultier'nin mağazama geldiğine hâlâ inanamıyorum! Böyle bir mucizeyi nasıl gerçekleştirdiğinizi inanın çok merak ediyorum."

"Ahaa! Meslek sırrı... Ama emin olun ki yarattığınız konsept hoşuna gitmemiş olsaydı, asla gelmezdi. Yani aslında bunu başaran sizsiniz. Anıtın üzerindeki kabartmaları gördünüz mü? Olağanüstüler, değil mi? Görevimi tamamlamak için buradan daha iyi bir yer olamayacağını düşündüm. Zafer, özgürlük, barış simgeleri... Bunlar; çabalarınız, azminiz ve yaşamınızda gerçekleştirdiğiniz olumlu değişimler sayesinde kazandıklarınız..."

"Sizin yardımınız olmasa asla başaramazdım!"

"Herkes hayatının bir döneminde bir rehbere ihtiyaç duyabilir, yardımcı olabildiysem ne mutlu bana..."

İkimiz de duygulanmıştık. Bir süre sessizce durup ayaklarımızın altında uzanan eşsiz güzellikteki manzaraya baktık.

"Camille, ben bütün insanların dünya vatandaşı olduklarını ancak pek azının bunu bildiğini düşünüyorum. Her insan kendi çapında bir 'barış elçisi' olabilir. Bu, her insanın kendi mutluluğu ve iç huzuru için çaba göstermesinden geçiyor. Her gün daha fazla insanın kısır döngü yerine erdemli döngüyü seçmesinin dünyada ne gibi etkiler yaratacağını bir düşünün!"

"Haklısınız. Ben de bu yüzden artık doğru döngüye girdiğim için çok mutluyum. Bana o kadar çok şey öğrettiniz ki! Her ne kadar benimle olan işinizi tamamlamış olsanız da sizinle görüşmeye devam etmeyi çok isterim."

"..."

"Claude?"

Birden yüzünün ifadesi değişti.

"Size itiraf edeceğim şeyleri duyduktan sonra benimle bir daha asla görüşmek istemeyebilirsiniz."

"Neden bahsediyorsunuz? Ne itirafı?"

"Size bir sır vermem gerekiyor ancak bunun sizi sarsmasından korkuyorum."

"Beni endişelendiriyorsunuz."

"Tamam, söylüyorum..."

Nefesimi tutmuş dudaklarından dökülecek sözleri bekliyordum.

"Ben rutinolog değilim."

"..."

Boş gözlerle yüzüne bakıyordum.

"Ben mimarım. Üstelik ilk karşılaşmamızda gördüğünüz o evi de ben çizdim. En büyük hayalimdi. Büyük bir mimar olmak istiyordum. O zamanki halimi görseniz, beni tanıyamazdınız: Depresyonda, zavallı ve oldukça kilolu bir adamdım. Amerika'da, ideallerimden binlerce ışık yılı uzakta garsonluk yapıyordum. Orada çalışırken tam yirmi kilo almıştım. Kapanmayan bir yaranın acısını dindirmek için kendimi yemeğe vurmuştum. Aşk acısı çekiyordum..."

Claude'un sözleri kesik kesik çıkıyordu. Yüzünün gerilen

hatları, o dönem ne büyük acılar çektiğini anlatır gibiydi. Konuşmaya devam etti:

"Hayatımın kadını olduğunu düşündüğüm kız arkadaşımla aniden ayrılmanın acısına katlanamayarak Fransa'yı terk etmiştim. Çünkü o en yakın arkadaşıma aşık olup beni terk etmişti. Bu ihanetin altından kalkamadım. Mimarlık fakültesinin üçüncü senesindeydik ve üniversiteyi bitirince evlenmeyi planlıyorduk. Terk edilmenin acısına dayanamadım ve onu unutmak için uzağa, çok çok uzağa gitmeye karar verdim. Her şeyden vazgeçmiştim, mesleki hayallerimden bile. Aramıza koca bir okyanus koymak bana iyi gelecekti! Ancak Amerika'ya gidince depresyonum daha da ağırlaştı. Kendimi tamamen boş verdim ve inanılmaz kilo aldım."

Birden kafamda bir şimşek çaktı:

"Şimdi anladım, o fotoğraftaki adam sizsiniz!"

Ne demek istediğimi anlamamıştı.

Çekmecesini karıştırma nezaketsizliği gösterdiğim gün rastladığım fotoğraftan bahsetmek zorunda kaldım.

"Evet, o fotoğraftaki adam benim. Yanımdaki de Jack Miller. Beni ayağa kaldırıp bugün gördüğünüz kişiye dönüşmem için yardım eden kişi. O olmasaydı asla mimarlığa geri dönemezdim çünkü kendime olan bütün inancımı kaybetmiştim. O benim hocam... Benim... Rutinoloğum!"

"Ne demek *sizin* rutinoloğunuz?"

Kır saçları rüzgârda uçuşuyor, gözleri parlıyordu. Uzun bir nefes verdi ve her şeyi olduğu gibi anlatmaya başladı:

"Size her şeyi açıklamanın zamanı geldi Camille. Aslında rutinoloji uzmanlığı diye bir şey yok, bu tamamen uydurma bir kavram. Gerçekte bu, bir çeşit insanlar arası yardım zinciri, başarının insandan insana aktarılması; yardım alan kişinin başarıya ulaştıktan sonra rutinoloğa dönüşüp, öğrendiklerini kendi seçtiği başka bir insana aktararak yardım etmesi üzerine kurulu bir sistem."

"Ama... Ama... Olamaz... Bu... Buna inanamam!"

"Gerçek bu."

"Peki ya ofisiniz? Sekreteriniz? Kendisine de yardımcı olduğunuzu söyleyen o genç kadın?"

"Her şey bir oyundu. Ofisim olduğunu zannettiğiniz yer, benim ofisim ama mimarlık ofisim ve Marianne da gerçekten benim sekreterim. Benimle bir olup bu oyuna katılması için ona gerçeği anlatmak zorunda kaldım. Bekleme odasında karşılaştığınız ve eski bir müşterim olduğunu söyleyen genç kadın ise yeğenimdi. Gerisi, her ziyarete gelişinizde gerçek mesleğimi ele verecek delilleri ortadan kaldırmak ve sağa sola sahte rutinoloji uzmanlığı dosyaları serpiştirmekten ibaretti."

"Dolaba tıktığınız dosyalar ve yere düşen, kenarları notlarla dolu ev planı... Şimdi daha iyi anlıyorum!"

Sessizce başını salladı, merakla vereceğim tepkiyi bekliyordu.

"Yani, o zaman, bana böyle rehberlik yapmak için gerekli bilgi ve yetkiye de sahip değilsiniz, öyle mi?"

Hafifçe öksürdü. Tanıştığımızdan beri ilk defa soğukkanlılığını yitirdiğine şahit oluyordum.

"Buna, hem evet hem de hayır diye cevap verebilirim. Zira her yeni 'rutinolog' aynı sizin gibi bir öğrenim sürecinden geçiyor ve öğrendiklerini harfiyen bir başkasına uyguluyor. Sizde işe yaradı, öyle değil mi?"

Benden bir çeşit af bekler gibiydi. Ancak buna henüz hazır değildim. Öncelikle bütün bunları hazmetmeye ihtiyacım vardı. Düşüncelerimi okumuş gibi devam etti:

"Ne hissettiğinizi çok iyi anlıyorum Camille. Ben de Jack Miller'in rutinolog olmadığını öğrendiğimde şoke olmuştum. Hiç kuşkusuz son derece farklı hatta hiç alışılmadık bir yöntem bu ama denemeye değer, öyle değil mi?"

Uzun süre, ısrarla ve birbirimizi anlayarak bakıştık. Zaman durmuş gibiydi.

Teslim oldum.

"Evet. Değer."

Derin bir nefes aldı. Gülümseyerek omuzundaki çantayı karıştırıp bir şey çıkardı.

"O hâlde bunları size verebilirim."

Elime kalınca bir defter tutuşturdu. İçinde, kendi değişim programımın bütün aşamaları, yaşadığım bütün deneyimler, öğrendiklerim ve Claude'un talimatları vardı. Notlar, şemalar ve fotoğraflarla dolu sayfaları karıştırırken duygulanmıştım. Müthiş bir derlemeydi!

"Yol boyu bütün bunları sizin için biriktirdim. Gelecekte, siz de başka birine yardım etmeye karar verdiğinizde, bu defter sizin için değerli bir kaynak oluşturacak. Zamanı geldiğinde bir söz veya bir bakışla yardım edeceğiniz insanı bulacaksınız."

"Siz de beni böyle mi seçtiniz?"

"Evet. Oldukça uzun bir süre yardım etmek isteyeceğim kişiyi bulmayı bekledim!" Ağzım açık kalmıştı. Aynı zamanda gururum da okşanmıştı.

Sonra adıma bastırılmış rutinolog kartvizitlerini –evet diyeceğimden ne kadar da eminmiş– ve gelecekteki ofisimin duvarlarına asmam için içinde sözde müşterilerimin fotoğraflarının ve teşekkür mektuplarının olduğu çeşitli dosyaları uzattı. Mükemmel bir rutinoloğun sahip olması gereken her şey vardı!

"Rica ederim alın bunları. Öğrendiklerinizi aktarma sırası artık sizde. Bunu yapacaksınız, değil mi? Rutinoloji zincirinin kopmasına izin vermeyeceksiniz?"

Sesi yalvarır gibi çıkıyordu.

Kendimi alt üst olmuş hissediyordum. Israrla gözlerimin içine bakıyordu. Birlikte yaşadığımız her şey gözümün önünden geçti. Boğazım düğümlendi. Elindekileri almak için ellerimi uzattım. Sonuçta bunu ona borçluydum...

35

Gitgide büyüyen yağmur damlaları arabamın ön camını dövüyordu. Silecekler gıcırdayarak bir sağa bir sola savrulurken içimde her şey son derece dingindi. Yağmura, karanlığa, trafiğe ve araba ışıklarının kırmızıya boyadığı su birikintilerine rağmen hayatımda ilk kez huzur doluydum. Claude'un değişiyle, "hizalanmıştım". Hayatın beni rüzgârda oradan oraya savrulan bir çalı parçası gibi hırpaladığı zamanlar aylar öncesinde kalmıştı. Her geçen gün, içimde sahip olduğum kaynakların zenginliği karşısında heyecanlanmaya devam ediyor ve şimdiye kadar varlığından habersiz olduğum büyük bir güce bağlandığımı hissediyordum. Hayatta başıma ne gelirse gelsin altından kalkacak güce sahiptim. Nihayet hayatımın kontrolünü kendi elime almayı öğrenmiştim ve bundan böyle hiç kimsenin ve hiçbir şeyin bunu elimden almasına izin vermeyecektim.

Kırmızı ışıkta etrafım hapishane gibi daracık arabalarının içinde sıkışmış; asık suratlı, yorgun ve öfkeli yüzlerle çevriliydi. Bir an içimden, bütün bu insanları mutlulukla buluşturmak için arabamın camını açıp avazım çıktığı kadar Claude'un kullanma kılavuzunu haykırmayı geçirdim. Ancak bunun yerine, yüzüme yayılan bir gülümsemeyle sakince ışığın yeşile dönmesini bekledim.

Nihayet yandı! Arkamdaki araçlara yol vermek için aceleyle gaza bastım ancak sağdan gelen ve kırmızı ışığı fark etmeyen bir araç şiddetle arabama çarptı.

Off!

Her şey karanlığa büründü.

Sonra birden siren sesleri duyuldu.

Beni araçtan çıkarmaya çalışırlarken *Vay, itfaiyeci de ne kadar yakışıklıymış*, diye düşündüm.

Birkaç saniye sonra, yardıma gelen itfaiye arabasında oturmuş, şoku atlatmaya çalışıyordum. Bir kadın çıkageldi, kendisi o şoför bozuntusu oluyordu. Resmen üzerime atıldı ve birden ağlamaklı bir sesle binlerce kez özür dilemeye, kendi kendini eleştirip lanetlemeye, yerin dibine batırmaya başladı.

Sözünü kesmeden dinliyordum. Ayrıca kesmek istesem bile bunun mümkün olacağını hiç zannetmiyordum. İnsan bir kere patlamaya görsün! Neyse ki birkaç çizik ve morluk dışında, ikimizde de önemli bir şey yoktu. Her ne kadar büyük bir korku yaşamış olsak da çok büyük yara bere almadan kurtulmuştuk. Ancak buna rağmen karşımdaki kişi böyle bir kazaya sebebiyet vermekten duyduğu şoku atlatamıyordu.

Hasar tespiti yaptıktan, polis ve sigorta şirketi için gerekli birkaç formaliteyi de tamamladıktan sonra trafiği daha fazla tıkamamak için araçlarımızı yolun ortasından çekip kaldırım boyu park ettik. Sigorta şirketlerimiz birer çekici gönderip arabaları aldıracaklardı.

Yaşadığımız şokun etkisinden kurtulmak ve soğuk havadan kaçmak için bir köşede süklüm püklüm duran *göçerticime*, çekiciler gelene kadar bir kafeye oturup birer sıcak çikolata içmeyi önerdim. Yüzünde, hem minnettar hem de kendisine böyle nazik bir davette bulunmama inanamıyormuş gibi şaşkın bir ifade belirmişti.

Biraz önce ne kadar özür yağdırmışsa, bu sefer de bir o kadar teşekkür yağdırmaya başladı. Bu söz yağmurunu hoş gördüm. Zavallı kadın gerçekten de çok dolu olmalıydı.

Sıcak çikolatalarımızı sipariş ettik. Ben krema da istedim. Bir krem şanti dağcığının teselli gücü malum! Çikolata fincanı önünde, karşımda oturan kadının alt dudağı hafif hafif titremeye başladı. İçinde çok uzun süredir dizginlediği ne var ne yoksa açığa vurmak üzere olduğunu hissediyordum. Kendisini cesaretlendirmek amacıyla elimi kolunun üzerine koydum.

"Endişelenmeyin." dedim. "Hiç önemli değil. Hem, sigorta şirketinin beni artık iyi tanıdığını söyleyebilirim. Birkaç ay önce yine bir kaza yapmıştım. Aldıkları onca parayı düşünürseniz bari bir işe yarasınlar, değil mi?"

Geniş ve yuvarlak yüzünün ortasındaki çaresiz ve huzursuz bakan gözlerinde iki damla yaş belirdi.

"Teş... Teşekkür ederim. Siz... Siz çok naziksiniz! Sanırım yerinizde olsam, öfkeden kudururdum!"

"Pek bir yararı olmazdı ama."

"Ben... Ben çok üzgünüm! Son zamanlarda bana ne olduğunu anlayamıyorum, her şey çok ters gidiyor! Kendimi çok gergin hissediyorum, bazen içimden her şeyi fırlatıp atmak geçiyor. Ve sanki çok lazımmış gibi bir de bu korkunç gün... Gerçekten bu kadarı çok fazla!"

Hıçkırarak ağlamaya başladı. Bu sahne o kadar tanıdık gelmişti ki...

Kalp atışlarım hızlanıyordu. Zamanı gelmiş olabilir miydi? Büyük bir heyecanla *işte bu o* diye düşündüm.

Böyle bir görevin altından kalkabilecek miydim? Oturduğum yerde, farkında olmadan sırtımı dikleştirip derin bir nefes aldıktan sonra cüzdanımdan o küçük kartı çıkardım.

"İsminiz ne?" diye sordum.

"Isabelle."

Kartvizitimi uzattım.

"Alın Isabelle. Size yardımım olabileceğini düşünüyorum."

Kendisine nasıl yardımcı olunabileceğini pek anlamamış gibi kuşku dolu gözlerle kartvizitimi aldı.

"Ben rutinoloğum."

"Rutino... ne?"

Rutinoloji* Rehberi

Aşkta Yaratıcılık

Yaratıcı olun! Beyin fırtınası yapın: Sansür uygulamadan ve kendinizi eleştirmeden aklınızdan geçen her şeyi not edin. Olabildiğince fazla sayıda fikir bulun. Uçuk kaçık fikirlerden korkmayın. En çılgın ve en olmayacak şeyleri dahi not edin! Çoğaltım yapın, fikirler fikirleri kovalasın. İster aşk mesajları yazın ister sevdiğinizi şaşırtmak için olağandışı yerlerde randevular ayarlayın. Rutini kırmak için kullanacağınız en büyük yardımcınız daima yaratıcılık olsun.

"Büyük Temizlik" Operasyonu

Büyük bir *iç* ve *dış* temizlik yapın.
İç temizlik: Yaşadığınız ortamda, yaşam biçiminizde ve insanlarla ilişkilerinizde zehirleyici, zararlı ve yıpratıcı olan her şeyden kurtulun. Camille'in yaptığı gibi, bir "*artık hayatımda istemediklerim*" listesi çıkarın.

---

* Rutinoloji mutlu olmak için her şeye sahip olduğu hâlde, kendisini bir türlü mutlu hissedemeyen ve bir tür kronik kasvet hali içinde yaşayıp giden insan sayısının her geçen gün arttığını gözlemleyen yazarın, yarattığı bir meslek dalıdır.

Dış temizlik: Evinizi her açıdan daha iyi ve yaşanılır hale getirin. Eskimiş ya da gereksiz eşyaları atın; çekmecelerinizi ayıklayıp yerleştirin, dekorasyonunuzu yenileyin.

Derin Nefes Almak

Günde en az iki veya üç kez derin nefesler alıp verin. Sakin bir yerde, rahat bir şekilde oturup bedeninizi serbest bırakın ve ağzınızı hafifçe açarak çenenizi gevşetin. Dörde kadar sayarak nefes alın, ikiye kadar sayarak nefesinizi tutun, dörde kadar sayarak nefes verin, tekrar ikiye kadar sayarak nefesinizi tutun. Zamanla nefes alma kapasiteniz gelişecek ve nefes alma-nefes tutma-nefes verme süreniz 8-4-8, 12-6-12, 16-8-16 şeklinde uzayacak.

Unutmayın: Doğru nefes vermeyi bilmek son derece önemli zira nefesinizi ne kadar iyi verirseniz, ciğerlerinizi bir o kadar temiz havayla doldurabilirsiniz! Oksijen bedeniniz için olduğu kadar beyniniz için de gerekli. Bu yaşamsal nefesin değerini bilin ve onu içsel bir masaj olarak algılayın.

Dramatik Üçgen

Dramatik üçgen, negatif bir ilişki senaryosunda tarafların farkında olmadan, sırayla oynadığı üç farklı rolü temsil ediyor: kurban, zorba ve kurtarıcı rolü. Böyle bir senaryoda bir çıkış yolu bulmak imkânsız olduğu için tek çare oyundan çıkmak olacaktır.

Düşüncelik

Sürekli olumsuz düşünüp durmaya son verdirecek kumbara! Bunun için herhangi bir kavanoz veya şekerlik de kullanabilirsiniz. Kafanızın içinde negatif veya yararsız bir düşünceyi sürekli tekrarladığınızı fark ettiğinizde düşünceliğinize bozuk para atın. Hatta bunu ailenin diğer üyeleri için de uygulayın!

Güç Veren Şarkılar Listesi

Sırtınıza kanatlar takmanızı sağlayan, size cesaret ve coşku veren bir çalma listesi oluşturun.

Hayali Fotoğraf Makinesi

"Hayali Fotoğraf Makinenizi" çalıştırmak ve gerçeği algılama filtrenizi değiştirmek için yapmanız gereken tek şey, güzel olanı aramak olmalı: Sokakta ya da toplu taşıma araçlarında veya her nerede olursanız olun, bütün dikkatinizi güzel, hoş ve iç açıcı şeylere verin. Böylece içsel bir pozitif imaj kataloğu oluşturmuş olursunuz ve bu, beyninizi olumlu şekilde yeniden programlamak için son derece yararlı bir yöntemdir.

İç Gülümseme

Geçmişte, Taocu üstadlar tarafından öğretilen; sağlık, mutluluk ve uzun yaşamın sırrı olan iç gülümseme veya ruhsal dinginlik sanatı. Huzur ve sükûnet halini derin nefes alıp verme ve düzenli gevşeme egzersizleriyle elde etmeniz mümkün. İç gülümseme, aynı zamanda kabullenme, iyilik, cömertlik, kendinize ve başkalarına karşı sevgi besleme kapasitenize de bağlı. Bu değerlere sahip olduğunuzda, o meşhur "iç huzuru"na kavuşacaksınız.

İçsel Diyaloğu Değiştirmek

Bunu başarmanın tek bir yöntemi var: Her sabah aynanın karşısında kendiniz hakkında olumlu sözler sarf etmek. Söylediklerinize tam olarak inanmıyor olsanız dahi, beyniniz sözlerinizi duyup kaydediyor! Böylece kendiniz hakkında olumlu bir imaja sahip oluyor ve kendinizi daha iyi hissediyorsunuz.

Kararlılık Defteri

Ulaşmak istediğiniz hedefleri ve kendinizle ilgili aldığınız kararları not edeceğiniz ve bunların gerçekleşmesi için somut olarak taahhüt altına girmenizi sağlayacak bir defter. Her bir hedef ve kararınızı gerçekleştirip gerçekleştirmediğinizi not etmelisiniz. Unutmayın, önemli olan "ne yapmanız gerektiğini bilmek değil", onu yapmaktır. *Yapın işte!*

Kedi Gibi Yapmak

"Kedi gibi yapmak", her türlü gürültü patırtıdan uzak, sessiz sakin bir köşeye çekilip kendinize vakit ayırmak anlamına geliyor. Tamamen anı yaşayıp, gerinip esneyebilir, meditasyon yaparken olduğu gibi zihninizde düşüncelerin dalgalanmasını izleyebilirsiniz. Kedi gibi yapmak, "yapmak" zorunluluğundan kurtulup sadece "olmak" ile yetinmektir.

Kırmızı Alarm

Eşiniz (veya çocuğunuz) ile birlikte önceden kararlaştıracağınız ve kavganın yaklaşmakta olduğunu haber verecek küçük bir işaret. Tıpkı arabalardaki dörtlü flaşörler gibi bir çeşit *dikkat dikkat* düğmesi. Seçtiğiniz işaret, yanıp sönen bir ışık gibi karşınızdakini uyarıp öfke ve saldırganlığın artmasını engelliyor.

Küçük Adımlar Teorisi

Değişimi tek adımda aşmanız gereken büyük bir dağ gibi görmektense; onu küçük adımlarla, aşama aşama, ufak tefek değişikliklerle gerçekleştireceğinizi düşünün. Böylece gözünüzü korkutmadan hedefe ulaşmış olursunuz!

Makineli Tüfek Gibi Eleştirmek

Karşımızdakini eleştirmek için cümlelerimize "sen" diye

başladığımızda kullandığımız "silah" bu (*"Hiç düşünmüyorsun... Eve gelir gelmez bilgisayarına gömülüyorsun..."*). Saldırganlık kısır döngüsüne girmek istemiyorsanız, böyle cümleler kurmaktan vazgeçin. Cümlelerinize "ben" ile başlayarak, kendi hislerinizi anlatmayı öğrenin.

-Mış Gibi Yapmak

Canınızı sıkan bir olay veya homurdanarak yaptığınız bir iş karşısında "-mış gibi yapın": O olay veya o iş *sanki* dünyanın en heyecan verici şeyiymiş gibi davranın. Yerlerde sürünmek veya bir mucize eseri işlerin değişmesini beklemek yerine onu %400 yaşayın.

O.H.A.A. Demek

Gergin veya kırıcı bir olay yaşadığınızda, karşınızdakini "makineli tüfek gibi eleştirmek" yerine, sakin bir şekilde ne hissettiğinizi açıklayın ve somut bir öneri getirin. Yani: O/Canınızı sıkan Olaydan bahsedin. H/Hislerinizi dile getirin. A.A./Anlaşma Alanı önerin yani her iki tarafın da kazançlı çıkacağı bir çözüm önerisi getirin.

Örnek Alma Sanatı

Kişisel özelliklerine veya yaşamlarına hayranlık duyduğunuz gerçek ya da hayali kişileri kendinize örnek alın. Camille gibi bir liste yapıp (*Gandi'nin bilgeliğine, Audrey Hepburn'ün asaletine vs.*) fotoğraflarından büyük bir afiş hazırlayarak sürekli gözünüzün önünde duracak bir yere asabilirsiniz. Aynı şekilde, kendinizi hayranlık duyduğunuz kişi olarak hayal edip onun gibi davranmak da kendinize olan güveninizi artıracaktır. Örnek aldığınız kişilerin en güzel özelliklerini –davranışları, alışkanlıkları, hayat felsefeleri– içselleştirerek kendi başarı öykünüzü yaratın.

Pozitif Çapalama

Pozitif çapalama, mutlu bir anınızda hissettiğiniz duyguları ihtiyaç duyduğunuz her sefer yeniden harekete geçirip, size aynı fiziksel ve duygusal doyumu yaşatmayı amaçlayan bir "kaynak" oluşturma yöntemidir. Bunun için, kendinize sakin bir yer seçin, ileride hatırlamak istediğiniz mutluluk anını gözünüzde canlandırıp yaşadığınız duyguları bütün yoğunluğuyla hissedin ve bunu bir uyarıcıyla eşleştirin. Bu uyarıcı bir söz, bir imaj veya bir hareket olabilir. Düzenli bir antrenmanla, ihtiyaç duyduğunuz her seferinde, seçtiğiniz uyarıcıyı harekete geçirip aynı mutluluk hissini yeniden hissedeceksiniz.

Pozitif Deneyimler ve Olumlu Özellikler Listesi

Geçmişte başarmış olduğunuz işlerin, bütün olumlu özelliklerinizin ve becerilerinizin bir listesini yapın. Bu, bütün dikkatinizi olumlu kişisel özelliklerinize ve yaşamınızdaki pozitif olaylara vermenizi sağlayarak özgüveninizi artıracaktır.

Pozitif Düşünce ve Davranışlar

Sözlerinizin bir titreşimi var. Aynı şekilde, davranışlarınızın da... Bu titreşimler zihinsel yapınızı ve dolayısıyla da gerçeğinizi büyük ölçüde etkiliyor. Bu nedenle, pozitif düşünce ve davranış biçimi geliştirmek son derece önemli. Kambur oturmak yerine dik durmak, surat asmak yerine gülümsemek, her şeyden şikâyet edip söylenmek yerine olaylara iyi tarafından bakmak... Kendinizi pozitif şekilde ifade etmeye çalışın. Negatif cümleler yerine pozitif cümleler kurun, edilgen fiiller yerine etken fiiller kullanın. "İşimi asla zamanında yetiştiremeyeceğim" demekle "Zorlukların üstesinden gelmek ve işi zamanında bitirmek için elimden geleni yapıyorum." demek aynı şey değildir. Deneyin, göreceksiniz!

Pozitif İmajlar Kataloğu

Tıpkı hayali fotoğraf makinesi gibi, içine bütün huzur dolu, güzel anılarınızı koyacağınız bir hayali fotoğraf albümü oluşturun ve ihtiyacınız olduğunda, aynı güzel duyguları yeniden hissetmek için albümünüzü harekete geçirin. Bu sayede, hem zihin gücünüz artacak hem de pozitif bir hayat görüşü kazanacaksınız.

Pozitif Olaylar Defteri

Bir telefon rehberi edinin ve yaşadığınız büyük-küçük sevinçleri, başarıları alfabetik sırayla not edin. Her bir harf için yaşadığınız pozitif olayları hatırlatacak anahtar kelimeler seçin: Örneğin A harfi için, Aşk (aşkı hissettiğiniz en güzel anları yazın), Almanya (unutulmaz bir tatil geçirmişseniz) veya Aikido (kazandığınız bir derece veya madalya sizi mutlu etmişse) vs. Anılarınızı bütün ayrıntılarıyla; yer, zaman ve birlikte olduğunuz insanların bilgisiyle not edin. Ayrıca o an bedensel ve ruhsal olarak hissettiğiniz duyguları da detaylı bir şekilde yazın.

Sıçanlarını Beslemek

Kendinize acımaktan hoşlanıp Siyah Civciv Calimero'yu oynadığınız her seferinde "sıçanlarınızı besliyorsunuz". Onları beslemekten vazgeçip bu zararlı rolün hangi korkunuzu veya hangi gizli yaranızı beslediğini anlamaya çalışın. Bunu anladığınızda kendinizden çok daha emin bir insan olacak ve artık kolay kolay yaralanmayacaksınız.

Sizi Geçmişe Bağlı Tutan Lastiği Kesmek

Geçmişin "lastikleri", önceden yaşamış olduğunuz ancak farkında olmasanız da bugününüzü etkilemeye devam eden olaylardır. Bugün karşılaştığınız bazı durumlar eski yaralarınızı canlandırdığından, gereğinden çok daha büyük bir duygusal tepki verebilirsiniz. Bugünü daha iyi yaşamak için bu "lastiklerin" neler olduğunu belirleyip "kesmek" gerekir. Öncelikle bunun bilincine varıp bazı somut adımlar atmak şarttır, örneğin bastırılmış bir öfke üzerinde çalışmak veya tamamlanamamış bir yası tamamına erdirmek gibi (bunu yazı veya psikoterapi aracılığıyla yapmak da mümkün).

Smart Metodu

Ulaşmayı arzuladığınız hedefleri belirlemekte ve bu hedeflere ulaşmanızda size yardımcı olacak bir metot. Hedef belirlerken dikkat etmeniz gerekenler: Belirli (hedefiniz net olmalı), Ölçülebilir (hedefinize ulaşıp ulaşmadığınızı belirtecek bir başarı ölçünüz olmalı), Ulaşılabilir ('ulaşılması imkânsız yıldız'ı hedeflemek yerine, gerçekleştirmesi daha kolay küçük küçük hedefler koyarak ilerlerlemelisiniz), Gerçekçi (motivasyonunuzu kaybetmemek için hedefinizin ne kadar yüksek olacağına kapasiteniz dahilinde kendiniz karar vermelisiniz) ve Sürelendirilmiş (hedefinize ulaşmak için bir süre belirlemelisiniz) olmasıdır.

Şükretmek

Her gün, hayatın o gün size sunduğu güzellikler için teşekkür edin. Çok küçük bir olaydan çok büyük mutluluklara kadar, her şey için teşekkür edebilirsiniz (Sabah uyandığınızda içtiğiniz bir fincan sıcak kahve de olabilir teşekkür sebebiniz, kendinizi gerçekleştirmekten duyduğunuz eşsiz mutluluk da).

Yararlı Empati

Burada söz konusu olan mesafeli bir dinleme kabiliyetidir. Yararlı empatide, çevrenizdeki kişilerin sorunlarını dinleyip onları anlamakla birlikte, onların kötü ruh hallerinin size de

bulaşmasına izin vermezsiniz. Kendinizi korumanız için ihtiyacınız olan bir kalkandır bu.

Zararlı Empati

Zararlı empatide çevrenizdeki kişilerin bütün problemlerini üstlenip onların bütün olumsuz duygularını bire bir yaşıyorsunuz ve sonuçta siz de kendinizi kötü hissetmeye başlıyorsunuz. Bundan uzak durmalısınız.

Zarfları Açmak

Üstü ister açık ister kapalı olsun, her gerginlik ve çatışma durumunda, yeri geldikçe "zarflarınızı açın" ve içinizdekileri dökün. Böylece bir gün aniden düdüklü tencere gibi patlamanın önüne geçmiş olursunuz.